B級ルアー
列伝 四 | Dab
151の軌跡

CONTENTS

※各年代は目安となります。参考程度にお考えください。

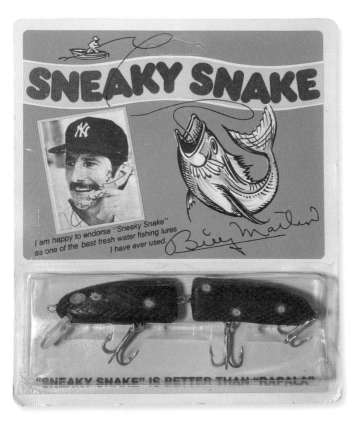

ボクらの印象と、サカナ側の印象と

SNEAKY SNAKE

スニーキースネイク

Gold Tech Mfg. Corp

［ゴールドテック・マニュファクチャリングコーポレイション］
年代不明

このおざなりな目。一応は黒目と白目の
モールドを築いているのに、黄一色で済
ませた結果がこれ（笑）。あ、でも塗りわけ
たほうがかえって気持ち悪いか。おざな
りなクロスハッチにもおざなりなアウト
ラインにも、これくらいの塗りのほうがか
えっていい感じなのかも。

天才度 ★★
B級度 ★★★★★
『見た目と裏腹というより、
　見た目にハラハラ』度 ★★★★★

　おおよそ感溢れるなりゆきフォルムといい、ヘビとはほど遠い目やウロコ模様といい、全てにおいて詰めの甘さを感じるダメダメな愛おしさ。ゴールドテックというところのスニーキースネイク。ひょっとしてムクなんじゃなかろうか、と思えるほどの持ち重りのする全長110mmほどのボディは、多分沈んじゃうんだろうな、という予想に反してしっかり浮いてくれる嬉しいジョイントのスネイク。上から見ると左右にうねっているし、ヘビのつもりという気持ちだけは確かに伝わってくる（笑）。

　が、しかし。パッケージにドスンと載せたサイン入り写真のお方は、ニューヨーク・ヤンキースの監督に5回就任し5回クビになり、敵味方問わず、あげくオーナーにまで噛みつく短気で暴れん坊な伝説の名監督、ビリー・マーチン。その彼に“ボクが今まで使ってきたルアーの中で最高のルアーのひとつだよ”てなこと言わせてる。さらに怖いもの知らずはとどまることを知ら

ず、下段キャッチコピーは“スニーキースネイクはラパラより凄い”ときた。ビリー・マーチンを引っぱり出す営業力や、ラパラに噛みつくという、神をも恐れぬクソ度胸とはほど遠いプラグの体裁に、ボクは諸手をあげて投降したい（笑）。

　でもね、スプリットリングを介さないフックやワンピースワイヤー、硬度の低いボディはとても頑丈そう。バス属はもちろん、パイクやウォールアイ、ソルト使用も謳う様子から、そのあたりはしっかり考えられているのかも。何気にディンプル形状を採用したリップは華奢で、ちょっと怖いんだけどね。さらに泳がせてみると、ヌメヌメしつつお尻を水面に出し、うねりの入ったジョイントボディも手伝って実に艶めかしい泳ぎ。冴えない目つきも途端に凄みをまとい、えらく魅力的に映る。ただし、速いリトリーブで破綻しちゃうのはご愛嬌。ここはさすがにラパラには敵わないけど、もしかすると釣果自体はビリー・マーチンの言うとおり…。

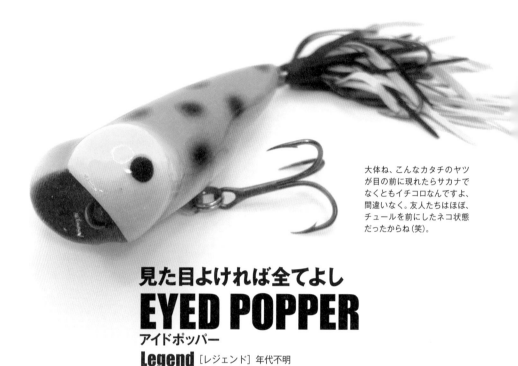

大体ね、こんなカタチのヤツが目の前に現れたらサカナでなくともイチコロなんですよ、間違いなく。友人たちはほぼ、チュールを前にしたネコ状態だったからね（笑）。

見た目よければ全てよし
EYED POPPER
アイドポッパー
Legend［レジェンド］年代不明

目ん玉ひんむいてよく見るまでもなく、目ん玉ひんむいているこのお方。したがってボディ巾を超えて精一杯口をあける様子も相まって、可笑しくも愛おしい千年至福のたたずまい。ボクも見つけた時は目ん玉飛び出て声も出たからね、いやホント、ホント（笑）。

いやおうなしにその期待値はモリモリ上がる、レジェンドというところのアイドポッパー。オージールアーによく見られる、ダルで薄めの凹ネームからして、発泡ボディなのは明らか。そしておそらくわりと最近のルアーだと思うんだけど、残念ながら詳細まで辿りつけませんでした。どうやらマスキーサイズの存在は確認。今回のものは

運良く体長65mmと、実にちょうどいいバスサイズ。お腹も一段膨らんでいたり、ラバースカートも手伝って実にバスプラグらしく、全ての要素が雰囲気作りに一役買っている。もう、こちら側もあらゆる野心が首をもたげるワケですよ。

ところが、巾広の口が奏でるポップ音は硬質かつ慎ましやかで、強くあおったところでさほど大きくはならず。やっぱり強大なる出目の浮力のおかげでカップが突っ込まないんだろうなあ。そして首振りも苦手で、密かに期待していたタダ引きでのスイミングも残念ながら叶わなかった。見た目に反して極めてジェントルなヤツだった、という、ボクの勝手な予想が大きく外れる結果に。

原寸大

　ただね、この見てくれは明らかに"人たらし"の部類。反応せずにはいられないんですよ。周りにいるでしょ、どうしようもないのに、ナゼか人を惹きつける魅力的な人間が。そういうのに限って実は優れもの…、なんていうパターンとかね。出会って間もないコイツもそうであればいいなあ、と、密かに期待してる。ボクの勝手な予想を越えていますように。

天才度 ★★　B級度 ★★★★★
『それでもいい。
ボクのボックスにいるだけで』度 ★★★★★

古きを守り、
新しきを取り入れる
LIL' KATIE
リル・ケイティ
Custom Lures by Sam
[カスタム・ルアーズ・バイ・サム] 年代不明

　サム・グリフィン。名伯楽によるアメリカン
ウッドプラグの至宝。その権利をルーハー・ジェ
ンセンに売り渡すも、ルーハー製の自身のシリー
ズの出来に落胆。失意のアンクル・サムは新た
にカスタム・ルアーズ・バイ・サムを立ち上げ、
現在に至る。…といったところだと思うんです
けど、トップウォータープラグのイメージが強い
サム・グリフィンにもやはりあった。その名の
とおりの可愛らしいハンドメイドクランクベイ
ト、リル・ケイティ。

　体長60mmほどのひと口サイズなれど、そこ
そこのボリュームも相まって、キャストしやすい
ナイスボディ。残念ながらこの個体、取りつけ時
なのかリップのつけねが欠けちゃったんだろう
なあ。可愛いらしさ、ちょっとだけスポイル（泣）。
ほっぺのあたりからお尻にかけて肉を削ぎ、フ
ラット面を持たせたのは、キモであるスローフ
ローティングのためのシェイプアップなのか。そ

れともやはりフラットサイドクランク世代なの
か。こうしてルアーにサインを入れていた頃と、
おぼろげながら時期が一致する気も…。

　当時の流行にしろ、独自のアイディアにしろ、
新しいものを取り入れるラディカルな部分を持ち
合わせているということ。たとえ名伯楽と呼ば
れても常に貪欲で、囚われない姿勢の表れ。

　ボクはわりと保守的で、これでいいと思った
ら、そこから動かさないことが多々あるんですね。
出来る限り環境を動かしたくない土着タイプ。良
し悪しはあるが、決して食わず嫌いはするなよ、
なんて名伯楽に言われそうだなあ（笑）。

天才度 ★★★　B級度 ★★★
『せっかくのマジック書きのサインが
薄くなるのは嫌』度
★★★★★

みんな大好きバグリー！抜き足、差し足、忍び足。密かにフィールドの諜報活動を続けるフロリダ秘密情報部のエース、ダブルオーセブン。もちろんあのジェームズ・ボンドより頂戴したのは明白ですね。そんなダブルオーセブンのいわばベイビーサイズ、JR.の登場は、我が国の老舗、OFTの強い要望で実現。

OFTと言えば第一次ルアーブームから精力的に我が国のバスフィッシングを支えるも、残念ながら数年前、ついにその歴史に終止符を打つ。日本限定販売のダブルオーセブンJR.は、昔からバグリーと懇意にしてきた証とも言えるワケです。

そうそう、JR.を本国へ持って行くとあっちのアングラーが喜ぶ、そんな話をどこかで読んだ気が。おそらく『ロッド＆リール』誌のバスプロの誰かの記事だったように思う。もちろん本国で売ってない珍しさもあるだろうけど、ここ最近のバグリーのラインナップを見ていると、もうトップウォータープラグは風前の灯なのね。いや、バグリーだけでなく、これは世界的な流れ。こうなってくるとOFTが別注をかけてまで守ろうとしたのは、我が国のバスフィッシング文化だったんじゃないかとボクは思う。JR.の他にもバグリーにトップウォータープラグを依頼していたところを見るとね。そう考えるとなおさらOFTの撤退を寂しく、そして残念に感じるのであります。

さて、そんなJR.クン。誰でもカンタンに左右へボディを流せるも、浮き角が浅めなこともあってか、ダイビングや皮一枚の水中スライディングは叶わず、親のDNAをそのまま受け継いでいるとは言い難い。でも、なにも親から継承することが全てじゃない。JR.はJR.でその小さな体躯と気軽さを活かし、誰かのボックスに入っていればいいなって思うよ、ボクは。

我が国が生んだ
二重スパイ
007 JR.
ダブルオーセブンJR.

Bagley
［バグリー］
90年代〜
2000年代

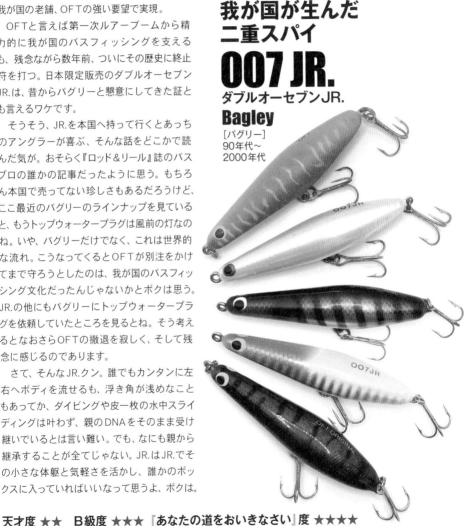

天才度 ★★　B級度 ★★★　『あなたの道をおいきなさい』度 ★★★★

釣りはもっと
原始的な行為であったはず
PLAY TAG
プレイタグ

**Champion
Fishing Lure**

[チャンピオン・
フィッシングルアー]
80年代〜90年代

老舗アングルより展開された、個性的なルアー群がひしめくチャンピオン・ブランド。その企画デザインを一手に引き受けたのは、これまた老舗のフジ釣具。古くから独自のルートで面白いアイテムを入れたり、バグリーに別注をかけてみたり、自社ブランドを展開してみたりと、とにかく精力的で今なお魅力的。ボクもね、子供ながら電車乗り継ぎで行ったもの。この歴史ある骨太ショップから、神奈川のルアー文化は始まっているんだから。

で、上のキャッチコピーはフジ釣具代表の言葉。この時代ですでにそういう感覚があったことに、実はそれほど驚きはない。やっぱり当時からボクらもそう思っていたもの。画一的で、システマティックで、必要にして十分な性能・快適さ。あ、もちろん当時のレベルでもね。さらに進化は時代を追うごとに加速。正直、ボクみたいな人間は、もはや行き着いてしまった閉塞感でいっぱいだ。不自由であるがゆえの楽しさもあるはずだからね。でもバスってサカナは寛容だから、どんなスタイルも許容してくれる。それぞれがそ

れぞれ好きなほうへ進めばいいと思うよ。

おっといけね、プレイタグのお話。この有機的で一種独特のボディラインがフジ釣具スタンダード。シリーズ全てにおいてそれは貫かれている。90mm・3/4ozの体躯はボリューム感に溢れ、ややお尻を沈め、上方に伸びる口で左右にプップする。もちろん激しく扱えば大きな音も立てるけど、多分それは狙いじゃないはず。きっとプラグの持つ繊細な技で喰わせるタイプ。

そうそう。このシリーズの流れを継承するかのようなプラグを、今でもフジ釣具オリジナルで見ることが出来る。いつまでもいい意味で変わらずにいて欲しい。そんなショップのひとつなのであります。

天才度 ★★★★ B級度 ★★★★
『原始的な行為を楽しんでいきたい』度
★★★★★

多分にしてスーパースプークJR.を意識した実に使い勝手のいいサイズと、ワンノッカーのハッキリとアピール出来るラトル音。狙いが一線級の釣れ釣れ路線なのは火を見るよりも明らか。ああ、それなのにそれなのに。そんな彼を貶める、じゃなくて(笑)、抗いがたい魅力を醸すのは見てのとおり、頬についた対のフィン。よく見れば顎下もえぐれている。なるほど、ここで生むスピッティングの方向抑制をフィンが担うんだね。苦手なはずの3Dアイもなんのその、いやおうなしに購買意欲は高まり、吸い込まれるようにレジに向かう始末。アライグマがトレードマーク、無法者の意味とは裏腹のスタンダードなクランクベイトで名を馳せる、バンディットルアーズの新ステージ、水面闊歩の喰わせもの、スピッツ。

その名のとおり、スライド時のスピッティングを武器にバスをなんとかしてやろう、という魂胆。意気揚々と手に入れたボクとしては、その魅力的

な見てくれと相反し、あまりのスタンダードなアクションに拍子抜けしたのも事実。極めて容易に左右へ動くものの、ペンシルベイトライクな外観から想像するよりアクションの自由度は低い。これはおそらく、前方へのつば吐きのキモとなるフィンがスタビライザー的に作用しているのではないかと。さらに言うと、売りのスピッティングは連続したアクションにより、派手に効果的に進行方向へと飛ぶ。そして単発でのスピッティングはボクには少々難しかった。つまり総じて言うと、これはその名に恥じぬ連続スピッティング特化のスペシャリスト。良好なキャスタビリティを活かし、広範囲をチャチャッとね。

だから拍子抜けも何も、未知なる何かを勝手に期待したボクが悪い。だって見た目のインパクトがはるかに勝っているんだもの(笑)。でも、そんな思惑が外れてもボクは満足。溢れる魅力は鉄壁堅固、揺るぎないんだから。

人は見かけによらぬもの
SPITZ
スピッツ
Bandit Lures
[バンディットルアーズ]
2000年代

これはまるで車で言うところの"カナード"ってヤツですな。ウィング類はなにかとカッコよくなりがち(笑)。

天才度 ★★★
B級度 ★★★★★
『のちのチャグンスプークにつなが…(ウソ。笑)』度
★★★

ユーティリティプレイヤーの在り方

MIRROLURE TRIPLE ACTION LURE 44M & 88M

ミロルアー トリプルアクションルアー　44M＆88M

L&S Bait Co, Inc.

［L&Sベイト・カンパニーインク］70年代～2000年

　未だスタイルを崩さず我が道を行く老舗中の老舗、L&S。フロリダ発らしからぬストイックな体裁は、時を経て少しずつアジャストしてはいるものの、迎合せず埋もれることなく、ボクはただただ感心するばかり。しかし、ここんちはとにかくネーミングルールが複雑怪奇。例えば今回のトリプルアクションルアーで言えば、インサートホイルが売りなミロルアーブランドのレギュラーフィニッシュシリーズ。これがスポッテッドフィニッシュシリーズになると、サイズを表すはずの英数字44Mはリトルトム、88Mはドゥーダッドというモデル名（？）に変わる。ワケわからないでしょ？ 見た目的にはスポットがあるかないかの違いなのにだよ？ ユーザー置き去りの謎法則。
　さて、そんなトリプルアクションルアー。4サイズ展開のうち、写真は1/2ozと1/3ozモデル。

正直言うと、リップの可変は壊しそうでちょっと怖い（泣）。プラスティック・リップにヒビの入った個体もあるくらい。でも、それを乗り越えてこそトリプルアクション使いになれるのだ。

売りはもちろん、名は体を表す三変化。どうやってチェンジするのかというと、ラインアイを緩めて上下差のあるリップをひっくり返す。つまり下が長ければダーター、上が長ければポッパー。リップを取り外せばスティックベイトということなんですね。実際、ダーターモードはもちろんそれっぽく使えるけど、リトリーブ時は意外にもしっかりキッチリ泳いでしまうので、ミノーライクな使い方もアリかと。ポッパーモードはスプラッシュを伴って左右によく動くし、スティックモードもリップを外した跡の口の切り欠きが効くせいか、ややナチュラルなペンシルポッパーという感じになる。

ただね、お察しのとおり、誰もが夢を見、挑戦してきたこの手のタイプの宿命、運命、そして末路。やっぱりワンモード放置になってしまうワケです。脱着を繰り返せば徐々にヒートンは甘くなり、それでもゆるまないように締め込むと、硬質なリップにヒビが入る。なによりルアーチェンジのほうがずっと早いからね。もちろん、それぞれのタイプを持っていない時には重宝するはずだけど。そう考えると、むしろたくさんのルアーを持てない少年バサー向けなん

じゃないかと。だけどこんな見てくれのヘンテコリンなルアーを、果たして少年たちが手に取るのか。もし機会があったなら、どうか、どうか手に取って欲しいとボクは思う。満ちたボクら大人より、必要に迫られたキミたちのほうが、ヴァリアブルな三変化の力を存分に引き出せるのかもしれないんだから。

天才度 ★★★★　B級度 ★★★★★
『大体、デフォルトの
　ダーターモードのまま』度 ★★★★

素材は違えど変わらぬ姿勢
VENUS
ヴィーナス

T.T. Brand ［T.T. ブランド］90年代

　ブラスボディ上の輝きは贅沢豪気な純金メッキ。その重さ、実に1ozの超重量級バイブレーション、T.T. ブランド・ヴィーナス見参。おまけにセラミックラトルがタップリだから、当時としてはやっぱりイレギュラーな重さ。あっと言うまに沈んでしまう、ロストを思えば少しも気の抜けないリッチなプラグでもあると。

　T.T. ブランドは王道的なウッドルアーを手掛けるメーカーだったから、このヴィーナスのリリースはちょっとした驚きではあった。ただ、釣るという行為を考えるとどちらも追求する姿勢は同じ。気持ちのベクトルはさほど変わらないとボクは思う。ちなみに泳ぎはというと、やはり体躯に比べて激しく重いせいか、かなりタイトでそれなりのスピードを要する。さらに羽根つき餃子のように接合しろがボディを一周し

ているためか、通常のバイブレーションのように水をひとつのおでこで捕らえられないんじゃないかと。左右で交互に受ける感じがアクションをより淡白なものにしているのかも？ でもね、この外周フィンがキモとT.T. ブランドは言っているから、落とし込み等、使い方次第でまた印象は違ってくるのかもしれない。

　ただ、当時これをやったのは凄いことだと思うよ。ボディの接合は高級腕時計の技術で、超精密プレスの賜物。左右の目も全く同じ場所にキッチリついているし、このあたりがウッドルアーに通じる、確かな仕事ぶりなのであります。

天才度 ★★★
B級度 ★★★
『ルアー界のロレックス？』度 ★★

決してメジャー処ではなかったものの、小さめのトップウォーター、つまり食べごろで本気のプラグを中心に、タックルインダストリーズは早くから我が国に入ってきていた。ライトというか、こんな感じでいいだろ？ というあけすけな雰囲気（笑）がたまらない、ちょっと特異なポジションのメーカー。今までで一瞬、二瞬、気になった方もいたんじゃなかろうか。

そのラインナップ中でも大きめで、よりシンプルに勝負するラトリンスティック。ボディ外に鉛球を挟む体裁は汎用性を生み、外して前後にプロペラをつければ併売されていたダブルスイッシャーのラトリンスティックに。ちなみに初期のものはもう少しボディラインがダルで、目が出っぱっていない。今回のどれもがシャープな後期のものなので、そこのこだわりのアナタ、ゼヒ探してみてはいかがでしょうか。

さて、ペンシルタイプのラトリンスティック。二つのラトルをカラカラ言わせ、立ち浮きからのダイビングでポヨンポヨン。力加減の塩梅で、ダイビングせずに水面を左右にスライドする。水中スライドもやれないことはないけど、楽にやりたいならウェイトを増量して浮力を抑える手もアリ。でも、細身の立ち浮きペンシルが出来ることは大体網羅してるし、加えて100mm強のボディに3フッカーとくれば、タックルインダストリーズは間違いなくボクらを釣らせにきてる。気安さの中に見え隠れする、本気印の非メジャー。

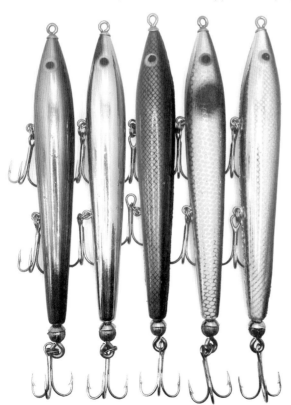

カラカラ、スポーン、スイスイの実力派
RATTLIN STICK
ラトリンスティック
Tackle Industries
［タックルインダストリーズ］
80年代〜2000年代

天才度 ★★
B級度 ★★★★★
『初期のペンシルは
ウエイト内蔵型』度
★★★★★

アレありき、ソレありき
UNKNOWN SWISHER

謎のスイッシャー（名称不明）
Manufacturers Unknown
[メーカー不明] 年代不明

特に抑揚のないダラーッとした適当ボディは、多分こんなもんだろう的な気持ちの表れに見えるし、ゴワゴワのビニールスカートもありものをあてがった感アリアリ。おそらく天秤リグもそうだろうなあ。特徴的なプロペラはあのドゥードゥラーと同型の鉄アレイ形を奢るも、これにしたって深い意味はなく、場当たり的にフロントにつけたんだよね、きっと。加えて雑多な塗りから推測するに、70〜80年代あたりに乱発されたメイド・イン・ホンコンの類いなのではないかと。黒目を入れない体裁がより一層その可能性を高め、さらに得体の知れない雰囲気に拍車をかける。そう、この行き当たりばったりのノープランな組み合わせが万に一つの相乗効果を生み、悪魔的な何者かになっちゃったワケですよ。なんと恐ろしいことよ（笑）。

まず、オールドルアーとしての価値はなきに等しいだろうし、どこのなんていうヤツなのかもわからない。いろんな名前で出ていた可能性もあるし、そもそも名前すらないのかもしれない。でもね、コイツを友人から見せられた時、やっぱり抗えなかったなあ。これは性だと肝に命じ、

是が非でもと、なりふり構わず譲ってもらったのでございます。

動きもなんてことはなく、直線的なスイッシュやタダ引きがメイン。これは多分、剛毛スカートが逆に効いちゃってる。それを思えばフロントペラのみの構成は多分正解だ。あ、効いてる効いてないで言えば、スカート内部に隠れダブルフックあり。ボディ長70mm弱のサイズ感も手伝って、きっと釣れるんじゃないかなあ。いやいや、どう見ても釣れるワケないって？ そうとばかりは言い切れない。こんなのが時としてサカナを見事に射抜くんです。いやいやいや、現実味に欠けるって？ そんなのは今現在の状況にこっちが勝手に照らしあわせてるだけ。理由をつけて片づける前に、まずは投げてみようよ。

天才度 ★★★★
B級度 ★★★★
『これは
組み合わせの暴力だ』度
★★★★★

友人いわく、セサミストリートのバート似（笑）。うまいことを言う。確かにソックリだなあ。

未だ思い出したように話題に上るクランクベイト、ベクトロン。ワタシの記憶が確かならば、ラトルの威力を存分に味わいつくしたかのようなバサーが溢れる中、霞系のプロがポロッと"ノンラトルのコイツが効く"と漏らしてしまったのがキッカケだったかと。で、ワタシの記憶が確かならば、アングラーズプライド・トリプルディープ TD-10・TD-15・TD-20 が元祖。のちにルーハージェンセンよりクランクベイト（ブランド名）名義で同TDシリーズを展開。さらにワタシの記憶が確かならば、おそらくルーハー期のどこかで目の周りの凸モールドを無くし、以降ペイントアイに。その後サンシャインフィッシング扱いのベクトロン30・45・60となる。ベクトロンをよく見ると目の名残りを確認出来るので、持っている方は確認してみてね。ところがワタシの記憶が確かならば、時を置いて再度ルーハージェンセンよりレイダーという名を得て復活。しかも目の周りの凸モールドも元に戻っている。まとまった数のブランクでも出てきたのか、それとも旧金型であらためて…。

というワケで、正直、先の情報には怪しいところも多々あるんですが、霞水系はもちろんのこと、牛久は八間落とし、印旛捷水路などなど、よく釣れたのはまごうことなき事実。トップの釣りではダメな時ほど静かに大人しく、なんてよく言うんだけど、ノンラトル＆強すぎないほどよいなじみの浮力は、もしかしたら通じるものがあるのかもしれない。難しいことはよくわからないけど、いずれにしろ釣れるからとバカみたいに買った名残がここにある。そして金型がある限りまた現れる、そんな気がしてならないんですね。あ、ひとつだけアングラーズプライドのTD-10が混ざってるけど、どれだかもうわかるよね（笑）。

愛された
ローカルアイドル
VECTRON 30
ベクトロン30
Sunshine Fishing
［サンシャインフィッシング］
80年代後半〜90年代

天才度 ★★★　B級度 ★★
『さらに言うと、当然ルーハーの
TDも混ざってるよね』度 ★★★★★

原寸大

耐え難きを耐え、忍び難きを忍び

THE GOPHER

ザ・ゴーファー

Gopher Bait

[ゴーファーベイト] 40年代～2010年代

　どうも首をもたげたホリネズミっていう動物らしい。モケモケのクロッキーな表面処理に、サインペンでチョチョッと追加したような雑多なパターン。目もね、飾りこそあれ、赤いペンで釘の頭を塗っただけなの。そんな手作り感丸出しの、いや、それがある種の異様を醸すゴーファーベイト、ザ・ゴーファー。今回は5/8ozほどのゴールデンサイズ。ちなみに2オンスほどのデカいのは、プラスティックの赤いダイヤの目。

　さて、左右に認むはほぼ90度、互い違いに取りつけられた、これも手で切り出した感アリアリの回転パドル。もうこの時点で否応なしに期待するでしょ？クルクル騒がしく掻きまわす彼

の姿を。そりゃあそうだ、勇ましい出で立ちからそう思うのは、当然、必然、極めて自然。

　が、しかし。多分これ、ルアー史上最大の思惑外れ。手作りウッドボディの個体差も手伝ってか、パドルでバシャバシャやろうと引くと、まずどちらかに倒れてダラーッとくるだけで、パドルの回転すら怪しい。この時点で水に投げずにさじを投げる貴兄の姿が見えるよう（笑）。

　でもちょっと待って。先入観や経験則で判断するにはまだ早い。ザ・ゴーファーについての説明文によれば、出来る限りゆっくり引いてくれと。なるほど、張り出した胸のおかげで身体を左右にユラユラさせてやってくる。そして肝

この番号がいわゆるシリアルナンバーらしいんだけど、"H"って何？そんなにたくさん売れてるの？

心のパドルはというと、ゆっくりと、止まりそうなほどゆっくり交互に回っている。そうか、これが真の姿だったのか。メーカー名を冠するくらいだから、この泳ぎに自信があるはずなんです。もっともこれをやり通すには、ザ・ゴーファーと己を信じる気持ちが必要不可欠。

　でも、やりますとも。ボクの見立てでは多分このアクション、琵琶湖あたりにマッチする。信じてやまぬ愛は時に辛く、時に甘いはずだから。

天才度 ★★★★
B級度 ★★★★★
『パドルの引っかき文字はコレクターズナンバーって本当？』度
★★★★

えくぼの秘密、当てたいわ
BOB'S BASS THIEF, JR.
ボブズ・バスシーフJR.
Bass Hustler Lures
［バスハスラー・ルアーズ］70年代〜80年代

　よくある小さなドールアイのその位置と、ほっぺたのえくぼとのバランスのおかげか。少し間の抜けた愛嬌ある顔つきのペンシルベイト、ボブズ・バスシーフJR.。実はこれ、手にするチャンスがなかなかなかったプラグ。言わば永世の想い人。それがこんな顔のヤツという…（笑）。地域的なものかタイミングなのか、ボクとの縁はずいぶんと大人になってから。今ならばきっと違うだろうね、出会い方も。JR.というネーミングから容易に想像出来るように、当然フルサイズも存在するんだけど、これまた実際に見たことなし。いつか手にしてみたいプラグの一つ。

　そんな愛嬌溢れるバスシーフJR.。えくぼの狙いはおそらくサイドポッピング。ターンに伴いナチュラルなサウンドを立てている気はする。でも正直なところ、それがえくぼ効果なのかボクにはよくわからなかった。ペンシルベイトは少なからず音がするからね。そしてボクの余計でなんの確証もない見立て。塗りの雰囲気やお腹のネームからして、どうもサム・グリフィンの影がちらつくんです。もしかしたらボブが企画して、サムに製造を依頼したのかもしれない。そうなってくると、また見方が少し変わってくるワケ（笑）。

　ただ、こんなこと言ったらバスシーフに怒られるだろうけど、えくぼ効果はともかく過不足なく動いてくれればボクは満足。なにせ長いこと待ち焦がれていたからね。そして。もうひとつ手に入れたフロッグカラーが行方不明。これから探すけど、はたしてこの本の入稿に間に合うか？

天才度 ★★★　B級度 ★★★★
『どうです？ フロッグカラーは
誌面に間に合ってます？
それともダメでしたか？』度 ★

切り札はダイヤのキング

DIAMOND SHAD

ダイヤモンドシャッド

Strike King
［ストライクキング］
90年代〜2000年代

SHIMMY SHAD

シミーシャッド

Strike King
［ストライクキング］
70年代〜80年代

ストライクキングといえばダイヤモンド。ワームやスピナーベイトのブレードにも施すほどのお気に入り。そのダイヤモンドは実に理に適っていて、連続する四面パターンは四方八方に乱反射し、ともすれば水中を伝わる波動すらも同様に辺りをにぎわしていたのではないかと。発せられた波動がぶつかりあって相殺されているんじゃないかって？ うん、もしかしたらそういうこともあるのかもしれない（笑）。

そんなダイヤモンドバックを採用したストライクキングの新旧バイブレーションは、やはりその時代を如実に語る重要なる生き証人。手前のシミーシャッドはボーマー・ピンフィッシュあたりと同様のラウンドシェイプで、当時としてはスポットの向こうを張るフォーマット。そして粗野とも思えるゴットゴトのワンノッカー自体は、のちに再評価されて各方面に反映され、ふたたび脚光を浴びることとなるワケです。

そして後継者ダイヤモンドシャッドも当然ダイヤモンドバックを受け継ぐも、全体としてはフラット面を湛えるボディ。いわば大きなフラットサイド面と乱反射ダイヤの相乗効果を狙う“革新犯”。でも、先のようにその結果、波動はどうなったのかは神のみぞ知る、といったところか。そしてラトルは当時のスタンダードを逃さずジャラジャラ系をチョイスすると。

どうです、たまにはこうして新旧比較してみるのも面白いでしょ？ その時その時の考え方や、トレンドが繰り返される様すら見えてくるかもしれない。そしてこんな小さなものに思惑がギッシリとつまってる。やっぱりルアーって凄いなあ。

天才度 ★★★　B級度 ★★★★
『ダイヤモンドは永遠に』度 ★★★★★

トムマンおじさん、これはアカンかったよ
BACKBURNER
バックバーナー
Designer Fish World
［デザイナー・フィッシュワールド］90年代

原寸大

　よりリアルに近づくため、本物のサカナのプリントをルアーに貼った、"3-D Photo Fish"シリーズ。ボディにプリントした、ではなく、本当に貼ってある。プリントとボディの段差は出来るし即物的ではあるんだけど、表現方法としてボクはそれほど気にならない。最終的にいいものになるならば。ただ貼りつけました感がないのはさすがだと思うけどね。このシリーズはどっちかというと、処理うんぬんよりもプリントの気味が悪い（笑）。これはボディプリントを施した同コンセプトのバークレイ・フレンジーシリーズも一緒。きっとどちらも方法が悪いのではなく、アレンジの問題。もっと言うと、これが"バタ臭さ"なのかなとも思う。西洋っぽいという意味ではなく、圧倒的な感覚の違い。

　さて、このバックバーナー。いわゆるティーザーと呼ばれる、集魚効果を期待する類いのもので、ライン→バックバーナー→リーダー→メインのルアー、という感じ。ざっくり言うと、ルアーの前にコイツがいる。ただバックバーナーはシンキング・バイブレーション。背ビレの

先のリーダー用アイで後方のルアーを引っ張るよね？つまり顎が上がるから、頭下げで水を受けることが出来ず、泳がなくなっちゃうんですよ。後ろもいろいろルアーを試してみたけど、バックバーナーがちゃんと泳ぐことはついに叶わず。単体なら大小ラトルをバッチリ鳴らして綺麗に泳いでくれるのに。せっかくだから、泳ぎに影響しない極小のブレードをつけるのもアリかも。気味の悪さはともかく、カタチは可愛いし、そのままにしとくのは惜しいからね。

　トムマンおじさん、頑張ったんだけど、このティーザーはどうにもならなかったよ（泣）。

天才度 ★　B級度 ★★★★★
『ハッ！ティーザー使用時は
むしろ泳ぎを捨てているのかも？』度 ★★★

おびただしい数のフォロワーを黙々と産生してきたコーモラン。その毒牙（笑）は多岐に渡り、大御所ヘドンも例外ではない。でも、ナゼそこ？オリジナルも特異な立ち位置だったヘドン・カズンⅡのコピー、我らがどじょっこ。

　さて、カズンⅡといえばシンキングプラグ。スローリトリーブでも安定の泳ぎを確保し、底につけばワイヤーガードを支点に立ち、土煙を上げつつ極力根掛かりを回避。ストップすれば水底でユラユラしながらバスを誘う。今、書いてても気分が盛り上がっちゃうんだけど（笑）、やはり沈むということはロストの恐怖感が大きく、メジャーになりきれなかった要因の一つ。

　さて、どじょっこはというと、これが驚くべき

ことに先のアクションの全てを網羅。微細な音ながら、ラトルすら再現するという暴挙、いや、快挙。もしかするとどじょっこという、我が国の表現的にはズバリ言い当てているネーミングが少しだけ足を引っ張ってしまったか。いや、違う名前でもさして変わりはなかったか。なぜならオリジナルも人気が高かったとはとても言い難いから。ならばどうしてカズンⅡを選んだのか。それはやっぱり面白いプラグだったからだろうなあ。そして、本気でやらなきゃここまで再現出来ないはずなんですよ。

　どうです？ とりあえず持っている方も多いと思うけど、使ってみたくなったでしょ？ え、ならない？ それは損してるかもしれんですよ？

オレ、寸分たがわぬニョロよ

DOJOKKO
どじょっこ

Cormoran Products
［コーモラン・プロダクト］
80年代〜2000年代

風来堂の値札がカッコいい。しかしこの価格、まるで80年代当時のようだ。

天才度 ★★
B級度 ★★★★★
『しかし、あらためて "どじょっこ" という
名づけセンスの異次元さよ』度
★★★★

文化・ターゲットの違い
BICUDA-110
ビックーダ110
Decont [デコント] 2023年現在

今は跳ね上げた薄いペラや、二重反転ペラをつけたヤツも出てきてる。ニーズにあわせた小変更。ボクのはどうもひと世代前のヤツっぽい。

堅牢堅固、質実剛健、頑強安泰、魅力炸裂、家内安全。…最後はちょっと違うか（笑）。ブラジル発、南米ルアーの真骨頂、ビックーダ110。相手にするサカナが違うと、ルアーも変わる。絶妙な硬度を持つ頑強なボディは、あちらのアングラーが好む甲高いガラガラ系のラトル音を放ち、加えて太めのエイトリグに太めのスプリットリング、太軸のジンクフックが脇を固める。リヤヒートンもメッキのない硬いタイプのステンレスだし、なによりプロペラのぶ厚さは我が国ではあまり見ることのない、ちょっとぶつけたくらいじゃどうってことないようなもの。とにかく全てにおいて壊れにくさを念頭において作られている、ということ。立ち浮きからジャークして水面をジャカジャカやるタイプなだけに、やれプロペラのレスポンスが、とか、水噛みが

どうだとか、多分、そういう部分は初めっからはるか彼方に置き去りにしているんじゃないかと。そもそもビックーダという名前自体、南米の怪魚から頂戴しているくらいだから、とにかく壊れないことが最優先事項。

でも、だからと言ってバスに効かないワケじゃないと思う。いいサイズ感のボディで硬いスイッシュ音を断続的に奏でれば、必ずや反応してくれるはず。見た目もカラーもカッコいいし、ギッタンギッタンに使ってやりたくなるタイプだなあ。ボクはルアーに優しくないから、意外と相性よかったりして（笑）。

天才度 ★★　B級度 ★★★★
『ところが今のモデルは
水噛み意識の凝ったペラ』度 ★★★★★

またDabのヤツ、余計な改造しちゃって。なんて思われても仕方がないくらい、お手軽なチューンで申し訳ない。…じゃなくてね、チューンを施したのは他でもないボーマー自身。ウネウネシャラシャラ、メーカー製お手軽ウェイキングチューン、プロップA。リヤヒートンのロングA・15Aに丸ペラをつけたタイプ。

おそらくロングAを買ってプロペラつけた人、結構いたと思うんですよ。そしてプロップAを買ったけどプロペラ外した人、これも少しはいたと思う。つまり、それくらいのものだったワケです。だからわざわざこれを選ばなくとも、どうにかなっちゃうささやかすぎるメーカーチューン。珍重されることもなく、早々にいなくなってしまったと。ただね、今回だけは自信を持って言える。大丈夫、これはプロップAで間違いない。なぜなら当時、新品を買っているからね。

でも、今となってはパッケージ入りならば貴重なんじゃないかと思う。逆を言うと、パッケージなしなら疑惑しかない。錯綜する権謀と術策。つまり誰かの手によるものでも全く判断がつかない。体裁が本物と一緒なんだから。ただ、丸ペラも最近のものだとカットの塩梅が違うから、そこはバッチリ年代合わせていかないとね。ということでこのプロップA。果たして本物なのか、それとも…（ニヤリ）。

これはバスプロショップスのカタログだけど、当時我が国に入ってきていたのは間違いない。いやホントホント、ワタクシ保証しますってば（笑）。

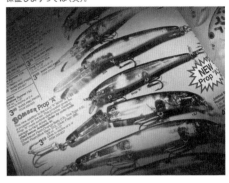

何が真で何が贋なのか
PROP "A"

プロップA
Bomber Lures
[ボーマールアーズ]
90年代初め

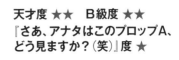

天才度 ★★　B級度 ★★
『さあ、アナタはこのプロップA、
どう見ますか？（笑）』度 ★

027

あの世界を体験してもらうために
THE MINNOW
ザ・ミノー
Daiwa ［ダイワ］90年代

フローティング：F、サスペンド：SPと、ポッパー：Pの3タイプ×110mm・90mmの2サイズ。つまり計6タイプが存在。

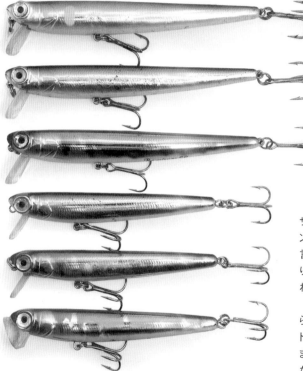

ノーポッパーも一緒で、泡やスプラッシュを飛ばすものの、動きそのものは角度の浅い、ピッ、ピッとした小魚テイスト。

で、ここからが毎度の勘ぐり。この見てくれや動きから察するに、ザ・ミノーの本分は"お求めやすい価格でリアルミノーの世界を楽しんでもらおう"だったんじゃなかろうか。正直、何千円もするリアルなハンドメイドはボクらの手の届かないものだったし、その大多数はマス族向けのもの。敷居がちょっと高い気がしていたんですね。そこに颯爽と現れたザ・ミノー。もちろん実際のハンドメイドと比べたら違うのは言わずもがな。それでも価格なりの世界観の構築としては、これ以上ないものだったと思う。

ただね、一つだけ言わせてもらうと、ウェイトもハンドメイドミノーばりだったんです。つまり軽くて投げられないバサーが続出した。今ならスピニングやベイトフィネスでいいじゃん、となるんだろうけど、当時はタックルを何セットも持ってなかったしね。しかし凄いなあ。ダイワの考え方は本当に凄いや。

不可能を可能に、より多くの人に喜んでもらえるように。ダイワはチャレンジ精神を常に持ち続けてきた。実はこのザ・ミノーも、そんな気持ちの詰まったプラグなんだとボクは思う。神経質な雰囲気すら漂うスリムなミノーはウォブリングもローリングもなるべく抑えた、なんというか、いわゆる派手さを削ぎ落としたストイックな泳ぎを目指したように思う。それはミ

天才度 ★★★★
B級度 ★★★
『ある意味、これはバーチャル体験』度 ★★

B級バークが誇る軟質ナヨナヨシリーズ！その名もチャンカー。ボディはバークの代名詞、軟質素材のフレックスシリーズ。各アイが内部でチェーンによってつながっているので、ボディがグニャグニャに曲がっても大丈夫、そんな工夫がなされている。さてこのフレックスプラグシリーズ。一体どこが優れているのか？　まず着水音がソフト。ボクはあまり着水音を気にしないんだけど、それにしてもずいぶん優しく落ちるもんだなあ、と感心しきり。続いて食い込みのよさ。というよりすぐに離さない、

原寸大

と言ったほうがいいか。至近距離で喰ったバスが、フックが刺さっていないにもかかわらず手前まで喰わえたままついてきたことも。さらに二次的効果としてぶつけても壊れないから、障害物に当てて落としても場荒れ知らずといいことづくめ。

　さて、このチャンカー。他のファミリーに比べて細長いせいか若干曲がったりしているものの、安定のバーク・テイストはその性能を遺憾なく発揮。ちょっと面白いのは、いわゆるAP-4と呼ばれる大昔からあるオーソドックスなプロペラなんだけど、わざわざアルミに置き替えられたものなんですね。このサイズになると曲がりやすく、あまりいいことはなさそうな気配。ならばどうして？　そう、これは多分、細身のチャンカーの浮力の弱さを少しでも補うためのものではなかったか。ならば合点がいくかなと。だってここだけの話、それでもボクのチャンカーは沈んじゃうからね（泣）。

さあ、この問題児。どうしてくれようか。
CHUNKER
チャンカー
Burke
［バーク］
70年代～80年代

天才度 ★★★★
B級度 ★★★★★
『他のフレックスシリーズは
通常の真鍮プロペラだしね』度
★★★★★

使えなかった
ビンテージを、
貴兄に

QUIVER
クイーバー
Plastic Image
［プラスティックイメージ］2000年代

　ひと目でわかる、あまりにストロングすぎて使う気も起きない、クリークチャブ・ジガーのイミテイト、クイーバー。とにかくオリジナルは高価だし、ウッドのビンテージだから使ったらどうなるかわからない。でも、もんのすごいカタチをしているから興味は湧くよね、当然。そんな気持ちを察してくれたのかどうなのか、プラスティックイメージはやってくれた。もちろん重厚なウッドプラグとプラスティックでは比重その他、いろいろと違うのかもしれないけど、アウトラインの再現度はなかなかのもの。そして一見、プラスティックに似つかわないグラスアイ（かな？）もジガーの雰囲気タップリ。時を越えた、危険な橋をゆく存在合成（笑）。

PLASTIC
IMAGE
QUIVER

この位置の穴と
この位置のリッ
プ。そしてこの位
置のラインアイ。
一体どんな思考
回路を持つとこ
うなるのやら。
顎下のV字造形
もローリングに
ひと役買ってい
るはず。

で、その興味津々なアクションはというと…。まず、ボディ半ばの垂直に近いリップのおかげで、極めて移動距離の短いスポット使いの小さな首ふり。そしておそらくこのプラグの真骨頂、それはリトリーブ使い。強めのローリングをしながら水面をやってくる。その際、リップの内面に沿うようにあいた巨大な穴ボコから、目に見えるように水が背中に抜けている（！）のがわかる。これはちょっと衝撃的だったなあ。とにかく入手出来たら一度投げてみて欲しい。そして、どうしたらこんなプラグを考えつくのか考えてみて欲しい。

というワケで、まるでボクらの夢を叶えるかのごとく老兵を蘇らせていたプラスティック

イメージも、権利問題で怒られてしまったらしい。どれもずいぶんと昔のものだけど、諸処の確認等、いろいろと難しいんだろうなあ。

（オリジナルの）天才度 ★★★★★
B級度 ★★★★★
『トップケビーのような指ランディングは抜けなくなるよ』度 ★★★★★

THE RATTALUR

ザ・ラトラー

Hubs Chubs
[ハブスチャブ]
80年代〜2010年代

アグレッシブさと
繊細さ

JOHNNY RATTLER

ジョニーラトラー

Rhoden Enterprizes／
Luhr Jensen
[ローデン・エンタープライゼス／ルーハージェンセン] 80年代〜2010年代

　一見、サメのエラのように見えるサイドスリットは、激しく、そして勇ましい。そしていやがおうにも溢れる期待感。誰もが一度は惹かれたであろうザ・ラトラー、そしてジョニーラトラー。ラトラーのハブスチャブから暖簾分けというか、関わっていた人がローデンで出したのがジョニーラトラーとずいぶん前に聞いたことがあるんですね。毎度、不確かな情報でハッキリ言い切れないのは申し訳ない。ただ、もしその流れが正しいとするならば、その人はジョニーさんじゃなきゃウソだよね。あ、そうそう、つけ足したように言うけど、その後ジョニーラトラーはルーハーの軍門に下り、より入手が容易となる。そしてザ・ラトラーも少し前まで販売されていたという、本家分家の大競演。

　ということでこの両者。初めはそのスリットが抵抗になって首を振るのかと思ってた。ただ、

考えてみたら反対側も相応に切れ込んでいるからやっぱり首振りはうまくない。複数のカラカララトルも手伝ってか、立ち浮きから身体を乗り出すようにスイッシュ。その際、スリットで急ブレーキ＆両サイド前方へのV字スプラッシュ。繊細に動かせばスリットが複雑な波紋を起こすとの説明もあることから、これは極端に移動距離の少ない、一点攻めで獲りにいくタイプなのではないかと。3フッカーだしね。勝手にイメージ先行していたボクには当初、難しかったなあ。

　あ、両者のアクションの違いはどうだって？　ダンナ、それはまだまだあっしのうかがい知れぬ領域のことでござんす（笑）。

天才度 ★★★　B級度 ★★★★
『フォーミュラを塗れとの記載もアリ』度
★★★★★

アライグマがトレードマークの、無法者という意味とは裏腹のスタンダードなクランクベイトで名を馳せるバンディッドルアーズ。なかでも大人気なのは、ザ・ブレイクスルー、サーフェイスクランク界で確固たる地位を築いた人気者、フットルース。

左右ワイドに身体を振り回し、力の限り水を掴みながら水面上に航跡を描く様は、見事と言う他なし。まあ、とにかく潜りづらい。いや、潜らせようと思えば多少潜るところが逆に憎たらしく感じるほど。しかも難しいをことせずに手に入れられるナイスアクションは、どこに行っても重宝されるんだと思う。

そんなフットルースも、いつの頃からかメイド・イン・チャイナに。若干のフォルム変更はともかく、ラインアイの位置が変わったのが大きいらしい。らしいというのは、実はボクがその新しいフットルースを持っていないから。総じて評判は芳しくないみたいだけど、こればかりは使ってみないと、ね。

ところで今回のこのカラー。左右違いは"ミステイク"というコードネーム。顕著なウォブンロールによる明滅効果でバスを魅せる。そしてそんなカラーを見せつけられると、飛びつかずにいられないのがボクの悪いクセ。あ、最後にもう一つだけ。時期的なものと仕上がりから、きっと彼はメキシコ製なのでしょうかねえ。

バイカラーの キレキレトップスイマー
FOOTLOOSE MISTAKE
フットルース・ミステイク
Bandit Lures
[バンディットルアーズ] 2000年代〜

原寸大

天才度 ★★★★
B級度 ★
『おや？ こんなところに中国製が。ボクとしたことが』度 ★

末裔の在り方
DORACO 100
ドラコ100
Rainbow
[レインボー] 年代不明

下が本家本元リニージクワイアット。並べてみると少しずつ違うのがわかる。実は『Basser』誌連載で、巾が違うだけでそのものって書いちゃったんだよね（泣）。えっ？黙っていればわからなかったって？

…あれ、こんなカラーあったっけ？

眺める陳列棚に歪んだ違和感ひとつ。これがコイツの第一印象。手にしてみれば、どこからどう見てもケンクラフト・リニージクワイアットのウロコのほうなんだけど、腹のネームを見て愕然とするワケです。これがなければ綺麗なリペイントでスルーしていたよ、間違いなく。

さて、このレインボーというブランド。聞いたこともなければ、検索してもマスやルアーカラーばかりが引っかかるという、探偵泣かせの屋号。早々に捜索を諦め、手元のリニージクワイアットと見比べることに。コピーというよりは、どこからどう見てもオリジナルと寸分違わず。…と、思ったんだけね。よく見ればエラもウロコも彫りが深く、少々角が立っていて男前。側面形はなかなかなんだけど、一番違いが顕著なのはボディ巾。左右割れのセンター付近がオリジナルより厚く、したがって全体的にボリュームのあるファットなボディ。ま、このへんは怪しげなフォロワーが時おり見せる、ほのめかしの類い。悪意の中の一片の良心（笑）。

肝心のアクションはというと、立ち浮きの本家に対し、思いっきり水平浮き。しかもレスポンスは著しくよくない（困）。

あとはシール目がシンプルになっているところ。ケンクラフトのものは黒目が真円じゃなく、前方が少し尖った感じでよりリアル指向。このあたりのこだわり、あらためて凄いとケンクラフトには感心しきり。

そしてドラコというネーミング。これ、ラテン語でドラゴンのことなんですね。リニージクワイアットのウロコのほうを見て、龍みたいだね、なんて言った友人がいたから、その印象は国境を問わず、といったところか。いずれにしろ、生まれては消えていく数多くのルアーがある中、コピーという姿で生きながらえる者もいる。出来を思えば、本家に携わった人たちは複雑かもしれないけど。

天才度 ★　B級度 ★★★★
『詳細ご存じの方、ゼヒ教えてください』度
★★★★★

見る者に"何をどうしたいのか"を一発でわからせるグッドデザイン、ラッキーデイベイト・ゴーゲッター。ベビーザラの後ろにベビーザラの頭を逆さにつけたかのような体裁は、ラッキーデイベイトの十八番。異形でありながら茶化すのをためらわれるかのようなたたずまいは、文字のみのストイックなパッケージ台紙が表すがごとく、良質で上品な雰囲気の成せるワザか。これの頭をカップにすると、B列参掲載のダブルポップになるワケだね。しつこいほどのシステマティックなラインナップ構成も、ラッキーデイベイトの見どころ。もしここのプラグを手に入れたら、何がどう使われてくっついているのかよく見てみると面白いのでゼヒ。これはね、もはやルアー学ですよ、いやホントに（笑）。

　というワケでゴーゲッター。リトリーブ開始時、もしくはロッドワークで、特異なすり鉢状のボディ後部よりポッピング。そして前方への大きなスプラッシュは実に素晴らしい。90mmという大きさのわりに軽めのボディだから、そのまま潜らずウェイキングに移行する。体長やボリュームに対し細身のリップのせいか、タイトウォブリングで水面系なのはちょっと面白い。もちろん潜らせることも出来るけど、リップつきにもかかわらず、逆にそっちのほうが無理している感アリ。だからこそトップ好きに使って欲しいプラグなんです。そろそろリップアレルギーを克服しましょうよ（笑）。一見、ダーターっぽいのより、よっぽどトップ向きなヤツもいるから。

　しかしパズルを組むように共用パーツを駆使し、様々なタイプに落とし込むラッキーデイベイト。パーツありきでいいじゃない。こういうの大好き。

システマティック・ポッピング

GO-GETTER

ゴーゲッター

Lucky Day Bait Co.

［ラッキーデイベイト・カンパニー］
50年代〜80年代

原寸大

天才度 ★★★★
B級度 ★★★★★
『腰履きですが、何か?』度
★★★★

ビッグサーフェイス、ビッグウォブリング
MUSKY IKE
マスキーアイク

Lazy Ike ［レイジーアイク］年代不明

原寸大

　大きなウォブリングが特徴のレイジーアイク。同型のヘリン・フラットフィッシュには人気的に及ばないまでも、未だ生き続けるその姿を見ることが出来るのは、やはり一定の支持がある証と言えるのではないかと。ヘリンがワーデンズに組み込まれたように、レイジーアイクも紆余曲折を経てプラドコへ。両者共に健在なのは、志半ばで倒れゆく者が多い中、当事者は本意でなくともボクらはホッとするのです。

　というワケでマスキーアイク、その名のとおり全長115mmとビッグなサイズ。上から見ると見事に角の立った長方形で、徐々に視点を下げていくと、緩やかな曲線をたたえる側面形と混ざりあい、カタチを変えていく様は美しく思えるほど。大きさは今現在の感覚で言うと実はそれほど感じなくて、オリジナル・ザラスプークとほぼ同寸で、ふた回りほどボリュームアップした感じ。…デカいか（笑）。それでもマスキー

ジッターバグあたりに抵抗を感じない人ならば日常的なサイズ。すんなりと使えるはず。

　そしてアクションのほうはというと、レギュラーサイズとは一線を画す泳ぎ。スローリトリーブではお尻を出したビッグウォブリング＆ローリング。これはボディの先のほうについたラインアイの絶妙な位置の賜物。少しスピードを上げてやると、動きをキープしたままウネウネと潜航を始める。切り立ったお尻を見ると、なにかとブレードをつけてビッグバドみたいにしがちだけど（ボクもやるけど。笑）、まずはマスキーアイクそのものを使ってみてね。ビッグバドとはまた違う魅力的なアクションをイジるのは、未知なる意思を感じてからにしようではありませんか。

天才度 ★★　B級度 ★★★
『強大なウネウネと質量を
愉しんで』度 ★★★★★

特徴的なハニカム構造の表面処理は、あらゆる方向に水や光を乱反射し、あらゆる方向へアピールする。しかもあのレノスキーでしょ? これ、元はギド・レネゲイド・ハニカムシリーズの一員なんじゃなかろうか。そう、ギドさんといえばバスマスタークラシックをはじめ数々のトーナメントを制し、アングラーズ・オブ・ザ・イヤーを二度獲得。G2やギドバグのあのギド・ヒブドンが作らせた、あの一連のシリーズ。横倒しボディのクリップルシャッドやミノー、バイブレーションまでは確認しているけど、正直、このポッパーがレネゲイドシリーズの焼き直しなのか、それともクリスタリナシリーズとして新規に登場したのかボクにはわからない。ハニカム軍団の在り方を考えると、前者が濃厚だとは思うけど…。

しかしこの縦長の困った凹み目。なんでどうしてこのシール目を縦に使おうと思ったのかな

あ(笑)。しかもそれに合わせてわざわざボディを楕円に凹ませるとは。ミノーなんかは真円だものね。さらに2〜3mmは奥まっているから、この困り目がサカナに見えるかどうか…。それでもボディ材質のせいかラトル音は甲高く、かなり響き渡るタイプ。ポップRほどのボディでありながら3/8ozに迫る重さは、キャスタビリティも良好。リニアに動かないところを見ると、わかりやすい動きより、ポップ音と特徴的なラトル音で喰わせるタイプかもしれない。

そして困ったことにパッケージのカードが違うモデルのヤツでしてね。ブレードやらカウントダウンやら書いてあって、どうもコイツの説明とは言い難い。しかもこの個体だけでなく、このカードが一律使用されている模様。こういうのはとっても困っちゃうんだよなあ。謎が謎を呼んで、ボクらはただただ混乱するばかりなんだから(泣)。

これはアレでしょ? ギドさんの…
CRYSTALINA POPPER
クリスタリナポッパー
Renosky Lures
[レノスキー・ルアーズ] 年代不明

後ろはハニカムシリーズかクリスタリナシリーズらしいミノー。これ、アウトラインがもろロングA。このあと出てくるフィッシュストーカーと並んでもいいくらい。

原寸大

天才度 ★★
B級度 ★★★★
『いや、たまにあるけどさ。でもマイナールアーでこれは勘弁』度
★★★★★

ビンテージをオールドで再現
SUTPHIN'S DARTER
サットフィンズ・ダーター
Sutphin ［サットフィン］年代不明

厚手の箱といいシンプルな装いといい、ちょっと雰囲気出ちゃってるけど、出回ったものはそれほど高い値段ではなかったように思う。見た目に反し、ダーターというよりライブリータイプ。

前からのアングルは赤い唇と
樹脂のシワのせいで、なかなか
サティスファクションなことに
なってますね（笑）。

そして横から見ると、口をあけるエイリアン
に酷似していると。なんという役者ぶり（笑）。
首のつけねがゴールドっぽくなっているの
は、塗料が剥がれたのではなくて、はみだし
た接着剤が黄変したものと思われます。

　むかし、むかしの100年ほど前の、カーター
ズダンク・ベストエバーという人気の高いビン
テージルアーがありまして。それをプラスティッ
クにて再現したのがこのサットフィンズ・ダー
ター。カタチくらいは何かで見たことある方も
多いのでは。ラインアイが隠れるほどの半開き
の口とノーアイという姿は、なんとも凄みの利い
たカッコよさ。しかも全長70mm強・1/2ozほ
どとドンピシャリサイズ。黄色いほうはもうずい
ぶんと前に入手したもので、押し跡の残るトリプ
ルフックを備えるあたり、少なくとも70年代以前
のものではないかと想像。そしてレッド×イエ
ロー、レッド×シルバーのボディはそのまま成形
色を使用。つまりは首のラインでパーツが接合
されていて、カラー表現も行っているワケです。
ザ・塗装いらず。アウトラインの再現度はかな
りのもので、ボクなんかはオリジナルでなくとも
このサットフィンで十分満足出来ちゃうタイプ。

　ポップ音はつつましやかで…、というよりほ
とんどと言っていいほど感じず、これは見た目
に反してライブリーに近い感じ。引けば大きな
ウォブリングを伴い、特徴的な下唇で意外なほど
よく潜る。軽めのボディのおかげか軽快に泳い
でくれるけど、ウッドボディのオリジナルならま
た違った感じなんだろうなあ。

　しかし、昔の人も大昔のものを再現したくな
るんだね。ボクらだけかと思ったよ、アレとか
コレとかソレとか言ってるのは。でも、この先
の未来人もその時その時のものをきっと欲し
くなるはずなんだ。なぜならこれは定めだから。
未来永劫、不文律の輪廻。

天才度 ★★
B級度 ★★★★
『以前は結構見かけたから、
まだどこかに残っているはず』度 ★★★

フックでわかるよ、なんとなく
POE TAIL
ポーテイル

Poe's［ポー］90年代〜2000年代

と言いつつも、…あ、先に本文読んでくださいね（笑）。実はお尻にブレードのついたストレートタイプを見たことがあるんですね。果たしてどっちが先でどっちが一般的なのものなのか。

　セダーウッドのクランクベイトで名を馳せたポー。変態リック・クラン（失礼。褒め言葉です）の名を冠したRCシリーズや、セダーシリーズ使いのデヴィッド・フリッツの活躍で、間違いなく一世を風靡したワケです。が、トーナメントシーンに疎いボクにとって、やっぱりポーはパックマンアイとぼくとつとした風合いがたまらないメーカー。そんなポーのペンシルベイト、ジャックポットのボディを利用したバリエーション、ポーテイル。なんかちょっと気が抜けそうな名前で可笑しくなっちゃうけど、理屈で言うとこうなるよね（笑）。

　お尻の突端にあったテイルフックはなくなり、その少し前方にカギ型に曲げたヒートンを追加。スイベル＆インディアナブレードをつけたものとなる。これ、スポットでのユラユラや、多少は首を振らせることも出来るんだけど、ブレードの選択やジンクフックを採用しているところを見ると、やっぱりリトリーブ使用が前提なんだと思う。ウィローリーフだと水噛みが心もとないし、コロラドだとちょっと噛みすぎて、例えば汽水域みたいな大場所では辛いのかも。そしてポーテイルという名のわりに、厳密にテイルについていないところがミソ。ワンフッカーとなる関係から、おそらくフックからブレードをあまり離したくなかったんじゃないかな。ほぼ、テイルの終わりがブレードの始まりだから、そんな気持ちが見え隠れ。

　でも、もちろんボクらは自由に使えばいい。アシ際でモジモジ、キラキラさせたりと、ポーの想定外で構わない。ルアーの使い方なんて決まってるようで決まってないからね。周りなんか気にせず、自分がよければそれでよし、ですよ。

天才度 ★★★　B級度 ★★★★★
『同じルアーでも、仲間内で
使い方が違うからね』度 ★★★★★

リップを除いたボディの長さ、約50mm。重量、実に1/4ozという、目に入れても痛くないほど可愛いらしいビッグバド（本当に入れたらいけません。笑）。コーモランを擁するビバの一ブランド、フレイクによる掟破りの卓越ミニマム、ミニバッド。まるで3Dプリンタを使ってそのまま縮小したかのようなトレス具合は、ボクらの度肝を抜いたと同時に、あのアクションがどう再現されているのか、という期待と不安を産んだ。果たしてフレイクの手腕やいかに…。

さて、数多くのバスプロがビッグバドのリヤヒートン位置を試行錯誤。関東差しや関西差し、さらには名古屋差しまで、まるで往年のインベーダーゲームの攻略法のように、バラエティに富んだ仁義なきヒートン戦争勃発（ウソ）。ミニバッドもそのあたりを意識していて、生意気にも（失礼）お尻の上部に線材を突き出し、丸く曲げてブレードを直結。よくあるスプリットリングを介する方法でないのは、何が一番重要なのかわかっている証拠。しかもヒートンじゃないのに実現している様は、とても印象的に映る。

アクションもスケールダウンに比例し、オリジナルより忙しい。それでいて破綻せずにうまいことまとめたのは、ブレードの件も含めかなりの手練の仕業。そうそう、フレイクにはマグナムバッドというビッグバドの上をいく巨漢も存在する。ダウンサイジング版とアップサイジング版のサンドウィッチ戦法、ここに極まれり。そして、あえて火中の栗を拾うのか（笑）。

原寸大

ルミナスボディ（夜光）も用意しているあたり、フレイクはフレイクで本気だったワケです。

掟破りの
ミニマムサイズ
MINI BAD

ミニバッド

Flake. Co. Ltd

［フレイク・カンパニーリミテッド］
2000年代

天才度 ★★★★
B級度 ★★★★★
『ステッカーの出来がさらに拍車をかける』度
★★★★

小指サイズの大きなチカラ

LIT'L JOHN
リトルジョン
Bagley
［バグリー］2000年代

天才度 ★★★　B級度 ★★★★
『初心に返って
ボックスに追加します』度 ★★★

みんな大好きバグリー！シンプルに頭を切り取った、一見たわいのなさそうなひと口サイズの小さなリトルジョン。リルジョンなのかな、"T"が入ってるからリトルとしたけど。

体裁的にはダーターのようなこのプラグ。ところがこれ、キッチリと水面下にて見事な泳ぎを見せてくれる。そこでロッドアクションを加えてやればバルサ製のボディを活かし、ピッ、ピッと機敏にひるがえす。シンプルなアクション発生構造の頭部は、トップ使いのポッピングもこなすという小さな体躯の芸達者。実はパッケージのシールの名前の下には、控えめな"POP'N CRANK"の文字が。多分、初めからバグリーの狙いは決まってた。狙いどおりのアクションで送り出したというワケです。なかでもボクが感心したのはフロントフックの位置。短い全長の中でリヤフックに絡むことのない、そして泳いでいる時にはボディ中央にくる絶妙な位置取り。これ、決してお腹のネームのためにスペースあけたんじゃないから（笑）。

正直言ってバルサだけに口の大きさやボディ長等、個体差はある。それでもおのおの、ほぼほぼこのアクションを再現してくるんだから、さすがさすがのバグリー、やっぱり凄いよね。余計なもののないシンプルなボディも相まって、キャストのしやすさも美点。こういうプラグは多分、少年バサーの1尾めなんかにもってこいなんじゃないかな。ポップさせて、引いてみて。そしてバスに夢中になって、面白さや楽しさにドップリはまるキッカケになったらいいなって思うよ。

あさってのベクトルが通常運転

AGITATOR
アジテイター

Mann's Bait Co.
[マンズベイト・カンパニー] 80年代後半

　マンズ。…どうしてマンズはこうなのか。ボクはこのメーカー大好きで〜す！一見してどういうヤツなのかはわかる。しかし、どういう思考回路でこれが生まれるのか、皆目見当もつかない。孤高のルアーデザイナー、それがマンズ。ボクが思うに、多分やりたいことをやりたいようにしているだけなんじゃないかなあ。なんというか、他社のことなぞ微塵も気にもしてない印象。ただ我が道を行く、と。いや、本当はマーケティング等シビアに検討してるだろうし、あくまでマンズが生み出すルアーに対するイメージ。そう、勝手極まりないボクのイメージです。

　そして今回はマンズが呼び出す水上筋斗雲、アジテイター。先にことわっておきますが、スカートはボクの趣味でオールドっぽくラバーに替えて

あります。…本当はバラバラになったんだけどね。悪しからず（笑）。さて、大多数はバズペラを浮かせようとボディをつけたり、あるいはボディそのものを回転させてバズベイトと見立てるんだけど、あろうことかバズペラ自体をフロートにするという、誰もが驚くその姿。どうしてもバズベイトとしての体裁にこだわりたかったのか。

　大方の予想どおり、ゆっくり引けるメリットに対し、ゆっくり引いた時のサウンドはバズペラのそれではない。ナチュラルで控えめな、これはこれで効きそうないい音。もちろん速く引けば少しはにぎやかになるし、バズベイトは一定の速度で引くのが定石だけど、せっかく浮いてるんだからここはジャークやポーズでプラグっぽく。本体は水中にあるだけで面白いことになるかも？

天才度 ★★★★★
B級度 ★★★★★
『ロングポーズで
持っていかせたい』度
★★★

CHARM STICK

チャームスティック

Shimano
[シマノ]
80年代半ば

ご存じかと思いますが念のため。
このチャームスティックを始め、
シマノ・エクストリームシリーズは
全てヨーヅリ・メイド。

驚愕のダブルネーム
EXTREME BAGLEY'S 101

エクストリーム・バグリーズ101

Shimano ［シマノ］80年代半ば

「ねえねえバグリー、ちょっと頼まれてくれない？」
「どうしたのシマノ？ 何か困ってるの？」
「実はウチのルアー、バルサにして欲しいんだけど、
そういうのって出来るかな？」

　なんてやりとりがあったのかどうなのか…。
あったんだろうなあ、きっと（笑）。シマノのライ
ンナップの中で一番のハイエンドシリーズ、エク
ストリームの新解釈、エクストリーム・バグリー
ズ。ナンバリングネームは本国を意識した憎い演
出。メイド・イン・USAを高らかに謳い、当時の
バサーを驚愕させた逸品。とは言うものの、素材

が違えば出来ることも変わり、完全トレスとは
いかなかったのも事実。それでもアウトラインを
可能な範囲で揃え、イメージの共通化を第一に
このコラボレイションの実現へ向かったものと
思われます。

　チャームスティックと101にもその苦労の跡は
垣間見え、例えばボディ断面の緩いえぐれや、
緩やかに下がる細いテイルは直線に置き換えら
れる。ただしスクエアリップ → ラウンドリップ、
角度の違いは泳ぎをも変えた。チャームスティッ
クはウォブリング主体のウネウネ系。101はローリ

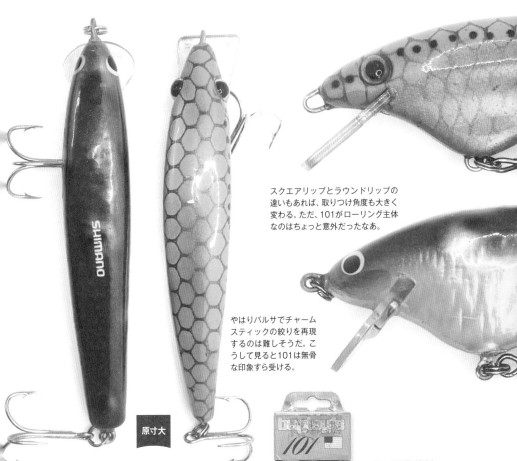

スクエアリップとラウンドリップの
違いもあれば、取りつけ角度も大きく
変わる。ただ、101がローリング主体
なのはちょっと意外だったなあ。

やはりバルサでチャーム
スティックの絞りを再現
するのは難しそうだ。こ
うして見ると101は無骨
な印象すら受ける。

原寸大

ング主体のサブサーフェイスといった具合。バグ
リーらしいレンジ選択といったところか。もしか
すると後年のダイワ・バルサマック再販時と同様、
意識的に性格を変えたのかもしれない。バルサ
の浮力を活かすならサーフェイス寄りにシフトす
べきだよ、なんてことは十分ありそう。正直、こ
れは今だから言えることだけど。

　ともあれ、前人未到の大義はついに成され、ダ
ブルネームの衝撃を前に、当時は違いなぞ些細
なものくらいに思ってた。少なくとも興奮のるつ
ぼと化したボクはね（笑）。

アメリカの国旗が誇ら
しげに輝くパッケージ。
色褪せちゃってるけど、
当時はバッチリ効いた
はず。上下に違うメー
カーの名が入ることの
嬉しさよ（笑）。

天才度 ★★
B級度 ★★★★
『あ、ラトルの有無も
違ったんだった』度
★★★★★

同じ穴のムジナだと思うなよ
HYDRO CRANK
40・50・60

ハイドロクランク40・50・60

Ryobi ［リョービ］90年代半ば

穴を開ける。頭に開ける。リップに開ける。背中に開ければ腹にも開けて、とどめにお尻まで通す者。きっと水流効果で魅惑のウォータースルーサウンドを奏で、あるいは複雑に絡み合うバブルエフェクトを生み、必ずや釣れ釣れ秘密兵器になるはずだ…。と、誰もが考えたし、誰もが実行してきた。しかし、そんな思いをよそに明後日の方向から穴を開けてきたのは、陰の実力者、技のビッグバーゲン、左派的アイディアのショッピングモール、そして〝今日びの釣りはリョービ〟。

3Dシールアイにナチュラルモールドのボディ、そして重心移動システム。さらに背中のロゴの印象からわりと最近のものに思えるんだけど、誕生は実に四半世紀以上前。とっくにルアーも行きつくところまで来ていたのかもしれないなあ、などと、ある種のノスタルジーに浸ることもあったりなかったり（笑）。

さておき、見てのとおりリップのつけねに穴を備えるハイドロクランク。リップの中ほどにサウンドホールを持つクランクベイトはちょこちょこあれど、左派的リョービの視点ははるか彼方。じゃあ一体なんなのよ、って思うでしょ？これ、実は〝引き抵抗軽減のための穴〟。ハイド

ロホールと呼ばれるそれは、アクションを損なうことなく14％抵抗減という効果を生む。なるほど、確かに軽く引ける気はする。劇的でないにしろ、手返しよく何度も投げるような時に効いてくるだろうし、一番大きな70サイズならばより顕著だったかもしれない。それに先人たちが追い求めたサウンドの副次的効果もあると思えば、なんと野心的なクランクベイトだったのか。

先のとおり、外見は決してボクの好みではない。それでももしリョービが健在だったなら、さらにどんなルアーを生み出したのか。そんなことをつい思ってしまうのもまた、ノスタルジーなんだろうか。

天才度 ★★★★
B級度 ★★★★
『穴馬見つけた』度
★★★★

兄弟分ハイドロシャッドの穴は、ハイドロ成分が少々物足りない感じ。

左派的変態メーカーであるブーンの、これまた左派的な体裁を持つこのお方。残念ながら名前に行きつくことは出来ませんでした。とりいそぎ勝手にミラーベイトと呼ばせてもらったけど、この小さな鏡を側面に並べるやり方は、ブーンお得意のソーラレイ・システム（わからない方は検索してね。笑）。ジグザッガーやサンダンスダイバーにも施していることから、厳密に言うとコイツだけがミラーベイトというワケじゃないんだけどね。しかもこれ、ひとつひとついい塩梅に取りつけがランダムになるから、さぞ賑やかしい効果を期待出来るのではないかと。

そして脳天にラインアイのあるタイプは総じてシンキングであることが多いのに、なんと稀有なフローティング。もうね、これは嬉しい誤算、予想を裏切る多幸感。もちろん普段、どういう釣りをするかで感じ方も違う。ボクはトップの釣りが好きだから、やっぱり浮くと嬉しいなあ。となると、浮くのにこのラインアイの位置はどうなのよ？ と思うよね。これ、頭下げのゆるい浮き角だから、ダイビングを伴う、いわば水中ペンシルベイトの様相。リョービ・バスクルーダーNo.1のフローティング版、とでも言ったらいいか。このあたり、そもそも海のルアーが多いブーンならでは。そのくせ90mmほどと、バスに持ってこいのいいサイズ。ブーンのソーラレイ・システムでバスもイチコロだよ、きっと（笑）。

浮く浮かないが、人生の別れ目だ
UNKNOWN MIRROR BAIT
謎のミラーベイト（名称不明）
Boone Bait Co.
［ブーンベイト・カンパニー］
年代不明

原寸大

天才度 ★★★★
B級度 ★★★★★
『ブーンとか、ソーラレイとか、連邦の白いヤツとか』度 ★

ボディの軽さは正義か
BUTTERFLY
バタフライ
Smithwick
［スミスウィック］60年代～70年代

サカナタイプの薄い体躯はとてもじゃないけどスムーズと言えない、どこかつたないボディラインも相まって、ある種のぎこちない可愛らしさを醸す。そしてスミスウィックの隈取りアイがさらに拍車をかけ、一種独特の世界観に昇華。バタフライ、その名のごとくヒラヒラなヤツ。

おそらくノーウェイトでラトルもなし。これはストーム・スィンフィンあたりと同族で、ボディの軽さを最大限に活かす、危ういバランスの上に成り立つギリギリのセッティング。それを実現するためなのか、お盆を突き出したような特異なリップはわずかな湾曲をもってボディと一体化する。これはちょっと破損が怖いタイプ。華奢で儚い印象のネーミングとリンクしているような気が…。

そしてアクションは、ゆっくり引けば水面をヒラヒラとローリング。速度を上げるにつれ徐々にウォブリングが大きくなっていき、深度を下げる。ただしノーウェイトであるがゆえ、その破綻は早い。つまりシャローランナーというより、サーフェイス使いが吉のように思う。

70mm・1/4ozのペラペラなボディだからちょっと使いづらいかもしれないけど、だからこそのヒラヒラ感。真剣に遊ぼうと思ったら、相応の苦労も覚悟しなきゃね（笑）。この一見地味なボディカラーも水の中では凄くいいんですよ。もしかしたらその名のとおり、蝶のような綺麗で派手なカラーもあったのかもしれないけど。それはそれですっごく欲しいなあ。

天才度 ★★★　B級度 ★★★★
『蝶よ花よと愛でるキミを』度 ★★★★★

勝負に絶対はない。だから面白い。
RIP ROLLER
リップローラー
High Roller ［ハイローラー］2023年現在

ハイローラーとは、太い勝負に全てを賭ける根っからの博徒のこと。理屈っぽく斜に構えた名が溢れる中、なんと気持ちのいいメーカー名なのか。トレードマークの二つのダイスがヒリヒリするほどカッコいい。頑なにこだわるウッドボディと本国メイド。エキサイティングなトップウォーターゲームに自らが魅せられた博打打ち、ハイローラー一家の屋台骨、MR.スタンダード、リップローラー。

そもそもメーカーはメインターゲットを巨大なピーコックバスとしていて、同じリップローラーでも、大きなサイズは音も水も大きく跳ね上げるバズペラみたいなプロペラを備える。写真のリップローラーはそれぞれ80mm、100mmと、ラージマウスバスあたりのヤツをターゲットとしたスタンダードサイズ。細かなラメを華やかに散らし、彩度高めなメリハリの利いたカラーラインナップは、いかにもフロリダ発らしい。しかしご多分に漏れず、今現在のラインナップがペイントアイから3Dアイになってしまっ

たのは、ボク的には非常に残念。がまかつやVMCフック使用を謳う、見た目と裏腹の極めて実戦的なプラグだけに、当然と流れと言えばそれまでか。この雰囲気がとってもいい感じだったのに。

で、肝心のアクションはというと、ハッキリ言って首振りはヘタクソ。いわゆる我が国のトップウォーターゲームみたいな使い方は、多分彼らの想定外なんですね。浅めのダイビングを伴うジャークの一本槍は、スタンダード然とした割り切りのよさ。

でもね、いろいろ体裁は違えど、リップローラー・シリーズはラインナップ中、最多を誇る。この事実、自信と実績の裏づけ以外、一体何があると言うのか。そして、スタンダードであることの一体何が悪いと言うのか。ルアーに手を伸ばした自分の直感に、あれこれと理由をつけてねじ曲げるなよ。もっと信じて自分自身に賭けろよ。なんて、ハイローラーに言われてるような気がしてきちゃってね。

天才度 ★★　　B級度 ★★★
『ボウズを怖がるな。
賭けにリスクはつきものだ』度 ★★★★★

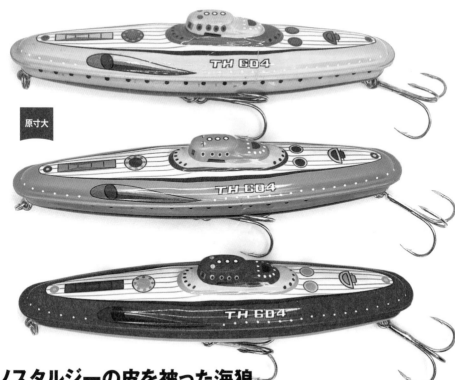

原寸大

ノスタルジーの皮を被った海狼
TIN SUBMARINE TH604
ブリキ製潜水艦TH604
Tackle Honpo ［タックル本舗］ 90年代後半

　"見た目はオモチャのようなこのブリキルアー。しかし実際に使ってみると、その動きは見た目からの想像をはるかに超えるリアルアクションを演出します！"以上、原文そのまま。これがTH604のキャッチコピー冒頭。にぎやかしい細身の潜水艦は、立ち浮きのペンシルベイトと思ってもらっていい。水面ではボディのつなぎ目のエッジが効果的なスプラッシュサウンドを響かせ、ダイブさせてアクションを継続すれば、そ

の名に恥じぬ水中での首振り。そしてやっぱりキモとなるのは"金属ボディ＋ラトル音"だったんじゃないかなあ。
　さらに特徴的かつブリキのオモチャらしさを演出する、このシリーズ最大の売りとも言えるカラー展開。写真はイエローサブマリン、ブルーホライズン、レッドオクトーバー、グリーンベレーと、遊び心満載。反面、未塗装ボディ、トーナメントSPをラインナップさせるあたり、細軸

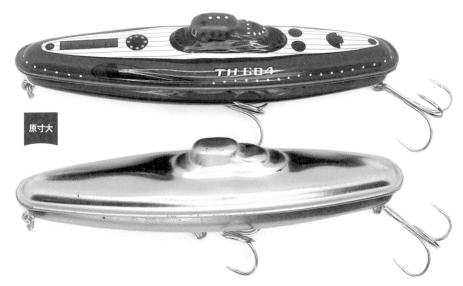

原寸大

この値段はいくらなんでもヒドいなあ（泣）。今どき駄菓子屋に行ったって、50円じゃ秒でなくなるどころか、買えないものもいっぱいあるっていうのに…。

で少しネムリの入った本気仕様のフックも相まって、コピーのとおり大真面目なルアーだったんだと思う。加えてボディのつなぎ目やヒートン穴の浸水対策とか、販売にあたってそれはそれは大変な苦労があったはず。

実はこの他にもまだカラーがあって、残念ながらコンプリートというワケにはいかなかったけど、いつか我が潜水艦隊を揃えて琵琶湖モンスター包囲網を築き、それでも玉砕して、甘くないなあ、なんて言いながら湖畔で負けラーメンを食べたい（笑）。…じゃなくて、必ずややっつけたいのである。いや、ホントに。

天才度 ★★★★
B級度 ★★★★★
**『本当の潜水艦は
音を立てたらダメなんだけどね』度**
★★★★★

グッドデザインの
手のひら返し
SWIM
KING
スイムキング
Weber
［ウェーバー］60年代〜70年代

　スピニングフロッグしかり、スピニングマウスしかり、フリップフロッグしかり。ウェーバーのプラグは本当に可愛らしい。いわゆる俗っぽい媚びるような可愛らしさとは違う。機能的でシンプルなラインが介在しつつ、"こうしたい"に向けて迷いのないカタチ、とでも言ったらいいのか。これはセンスひとつ。力学だとか効率だとか、そんなものを感覚でいなしていた、いい時代のいいプラグ。

　例えばスーパーカー。いかにも空気抵抗の少なそうなくさび型のフォルムに、各デザイナーのやりたいことが詰まっていて、それはそれは百花繚乱。やがて風洞設備やコンピュータが登場するも、まだデザイナーが介在出来る時代を経る。そして今。もう効率やらなにやら行きつくところはほぼ一緒で、狭い部分で勝負している印象。だからつまらなく感じてしまう。一度そこから離れてみればいいのに、なんてシロウトなりに思うんだけど、昔と違い制約があったりして難しいんだろうなあ。お前なんかに言われずともわかってるよ、なんて怒られるね、きっと（笑）。

　と、おもいっきり脱線したところで、この水面愛嬌カバトット、スイムキング。大きく口を開けた様、大きく飛び出た目、下へキュッと収束するお尻。先のとおり気持ちの入ったいいカタチ。それとは対照的に水の流れを意識し、後方に向けてサイドを絞っていくスタイリッシュなお腹側。これね、真横から見ると、そのせめぎ合いが実にシビレるワケです。もちろん安定のジッターバグ型カップで、泳ぎのほうもバッチリ保証済み。

　…なんて思ったんですよ、使ってみるまでは。実はこの個体、あろうことか沈んでしまう。しかもスローというレベルではなく、しっかりスーッと水の中へ。これには心底驚いた。どう見ても沈んじゃいけないプラグなのに。カポカポさせて、ここぞというところで落とす狙いなのか、それとも運悪くイレギュラーなのか。発泡ボディはさじ加減で振れるから、たまたまボクのは重いヤツだったと思いたい。じゃないとこのノイジー、あまりにも、あまりにももったいないよ。

（造形的）天才度 ★★★★★
B級度 ★★★
『こればかりはご愛嬌じゃすまない』度
★★★★★

我が国初のシステムクランクベイト、スミス・ハスティ。間髪入れずにダイワ・TDクランクが続き、同一フォーマットのシステマティックな概念は一般的となり、その後、実用性だけでなく、シリーズで揃える"統一感"という楽しみ方すら生み出した。

反面、まるで突然変異でも起こすがごとく、シリーズ名を冠するくせにポロリと異端クランクを出したのは老舗中の老舗、ティムコ。冒頭の二者とは違いシステムなんぞ微塵も気にしていなかったと思うけど、それでもクラシカルなバイトラッシュ・サーフェイスや実戦的な印象のバイトラッシュ・ペンシル、派生型のペンシルポッパー等、どのバイトラッシュ・シリーズとも路線の違う装いは、ボクらを大いに戸惑わせた。

シャロークランクの名を与えられた異端児は、ウォブリング、ローリング共に強力＆コロコロラトル。それでいて速引きしても破綻せず水面下10cmほどを泳いでくる様は、ボクの感覚ではもはやサーフェイスクランクと呼んでも差し支えないレンジ。したがってこのネーミング、サーフェイスよりシャローのほうが敷居が低そうだよね、みたいな、販売戦略的なものでもあったのかなあ、なんて勘ぐってみたり。

さておき、この異端児の真骨頂はなんといってもその外見。寄り気味な目の位置でほっぺは際立ち、大きく左右に伸びる口角の上がった口は、その愛らしさを決定的なものに。が、そこに全身の柚子肌モールドが加わると不気味カワイイの類い…。でも、だからこそその特異なる存在感。ボクは好きだなあ、極めて本気なティムコの謎に満ちた意匠が。

笑う門にはバス来たる
BITE RUSH SHALLOW CRANK
バイトラッシュ・シャロークランク
Tiemco ［ティムコ］2000年代

天才度 ★★★　　B級度 ★★★
『ぐ～チョコランタンのスプーそっくり！』度 ★★★★★

おい、セブンスター買ってきてくれ
CONQUEROR
コンカラー
Nils Master
［ニルズマスター］60年代

原寸大

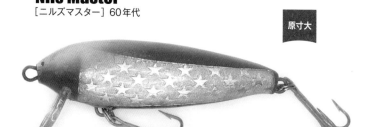

　…なんてよく父親に買い物を頼まれたなあ、子供の頃。今なら非常識極まりないと怒られるだろうし、当然売ってもらえないよね（汗）。そんなセブンスターの銀紙をつい思い出してしまう、ニルズマスターの一番星、コンカラー。

　実は長い間詳細不明だったこのお方。ボクが買ったのはずいぶん昔のこと。情報といえばお腹の"TANK TESTED"の文字と、リップの上に手でけがいた"Made in Finland"のみ。ブルー一色のバルサボディに銀紙を貼りつけたぶっきらぼうな体裁は、先のテスト済の文字もあって、もしかしたら何かのプロトタイプか個人の手によるものだとばかり思ってた。

　そして今から数年前。たまたま見かけたパッケージ入りの姿。ああ、あれはニルズマスターだったのか‼ 強い衝撃を受けると共に、すぐに奥から出して見比べてみた。間違いない、コンカラーっていうんだ。長年の謎がひとつ判明し、気持ち晴れ晴れ（笑）。その後、ニルズマスターが一番最初にリリースした7種のうちのひとつだということがわかり、さらに感慨にふけったのであります。

　さて、"征服者"という不穏な名前とは裏腹の、60mmほどの小さくつつましやかな体躯。水面近くをタイトウォブリングでバランス崩すことなく泳ぎ、さすがはテスト済だけある、なんて妙に納得したもんです。きっと皆さんにも長いこと名前のわからないルアーがありますよね？ 何かの拍子にわかるとえらく晴れ晴れとしますね。皆さんの謎も早く判明しますように。

天才度 ★★　B級度 ★★★
『でも、見かけたブリスターは、
どうやら復刻ものらしい』度 ★★★★★

昔、エド・ロスという偉大なカスタムカー・アーティストがいてね。彼が冗談混じりにミッキーマウスへのアンチテーゼとしてチャチャッと描いたのが、いつもハエがまとわりついているアウトローなドブネズミのキャラクター、ラットフィンク。なんとこれがたちまち評判となり、あのRevell社から（ボクらがいつもお世話になっているRebelとは別。念のため）プラモデル展開されるほど大人気になるワケです。

さておき、こちらもみんな大好きバグリー！これ以上ないシンプルなボディラインながら、その道ウン十年、手練れのパートのおばちゃんたちが落とす絶妙なる目と、きちんとことわったのか拝借したのか知る由もないこのネーミングも相まって、見事にネズミ君として成立。もちろんちょこまかと小気味よく動く様も大方のイメージどおり。

写真は全真鍮ワイヤーの初期モデルで、プロペラはワッシャーを介して取り付けられる、実に手の込んだもの。その後、少々太ったリヤヒートン・モデルとなり、やがてカタログ落ち。しばらくして我が国の老舗、オフトの別注で小さくスリムになり、さらにダブルスイッシャーを追加。そして残念ながらオフトも社をたたみ、ついにラットフィンクの歴史は潰えてしまう…。

ところでこれ、お尻の塗装が少し剥がれているんですが、下に別カラーらしきものが見えるの、わかりますか？売り上げいかんで急遽塗り替えられたと想像するんだけど、これ、下はどんなカラーだったのかなあ？カラーチャートとにらめっこしつつ、夜な夜なニンマリするのも釣りのうちだよね（笑）。

愛らしさは本家と大違い

RAT FINK

ラットフィンク
Bagley
［バグリー］70年代 ～ 2010年代

天才度 ★★★　B級度 ★
『製品としてはダメなのに、
　ナゼか嬉しいこういうの』度 ★★★★★

どうも蛍光レッドっぽい気がするよね。となると、アレかなあ？それともあのカラーかなあ？候補はそれほど多くはなさそうだぞ。

広めたかったのか、欲しかったのか
POCKY
ポッキー

Philip Banana ［フィリップバナナ］80年代後半〜90年代

原寸大

フィリップバナナというとっても美味しそうな名前は、実はその昔、ティファが展開していたブランド。目の周りというか、下に必ず黒を入れるところが印象的。制作を依頼されたベルズの趣味嗜好なのかなあ。目ヂカラがギュッと強くなるからね。そしてブランド名も美味しそうなら、ルアー名も甘い香りが漂ってくるさりげない合わせ技、ポッキー。

これはおそらく、田辺哲男さんがバグリー・シャイナーにヒントを得て作ったものかと。一見、バイブレーションのようなサイドビューに反し、実はフローティング。上から見ればプックリでファットなボディは、シール目とボディパターンを持つプラグとしては、ほんの少しの愛嬌を持ちあわせる。そして単なるバイブレーションとの一番の違いはラインアイ。鼻先に届

こうかというこの位置が全てを物語る。リトリーブをすれば振れてナチュラルな泳ぎを披露してくれるんだけど、ポッキーの本分はロッドワークによるサーフェイスゲーム。ダーターなんかを使うようにグイッと。ヒラッ、ヒラヒラッとね。

田辺哲男さんは言うまでもなくストロングなトーナメンターだけど、以降の作品を見ても、やっぱりハードプラグが大好きなんだと思う。だから無機質になりがちな体裁でも、ちょっとだけ雰囲気が出てる。これは気持ちの表れなんだろうなあ。あ、文章も出自が表れちゃうから、気をつけないとね（笑）。

天才度 ★★★　B級度 ★★★
『どちらも結局、
隠し通せぬもの』度 ★★★★★

一見、どこのウチのボックスにもある普通のポップRのように見えますが、実は頭からお尻まで細いパイプが入ってまして、そこにラインを通すようになっています。ラインの先に標準装備のシンカー＆フェザーフックやワームをつけ、チャチャッと動かしたあと、ここぞという場所でラインテンションを緩め、落としこむ。またはポップR自体を浮き代わりにして、離れたポイントをパーチカルに攻める。なんてハレンチなルアーなんでしょう！

…以上、B列壱掲載のドロップザラとほぼほぼ同じ文ですが（笑）。それはナゼかというと、この時期、エビスコグループのプラドコに下ったヘドンは、母体であるプラドコ＝レーベルと級友めいた関係となり、その流れで実現したドロップ部員同士というワケ。だからマニアがヘドンにおいてエビスコ期と呼んでいる時期は、厳密に言うとすでにプラドコなんですね。ただ、その時期特有の体裁が顕著なため、便宜上エビスコ期と言ったほうが区別しやすいワケです。なにより

もこの頃のヘドンのパッケージ裏にエビスコのネームが入っていたことが一番の要因かと。だってボクもエビスコからプラドコに変わったんだとずっと思っていたからね。

と、いつものように脱線しちゃったけど、このドロップ・シリーズ最大の難点は、新品でもない限り、同封のフェザーフックやビーズが失くなっちゃっていること。この個体のように、開けてしまったのに全て揃っているのは極めて稀なんですね。使う分には似たようなフックや、それこそワームフックやラバージグあたりにしてもいいんだろうけど、オリジナルで残っているのはマニアにとっては重要かつ嬉しいケースなのであります。なんだかなんでも鑑定団みたいになっちゃったけど、果たして鑑定の結果はいかに（笑）。

天才度 ★★★
B級度 ★★★★
『実は単体だと水平浮き』度
★★★★★

狙いを定めて
爆弾投下

DROP POP-R 原寸大

ドロップ・ポップR

Rebel ［レーベル］80年代半ば

姿と名前のベストマッチ
B.B. PULL TOP
B.B. プルトップ
Bass Busters Co. Ltd
［バスバスターズ・カンパニーリミテッド］
2000年代

飲料の缶を模したボディにリップをプルトップにしたこの才気。ひょっとしてトップウォーター・プラグだということも名前にかかっているとしたならば…。たとえ出発点がビッグバドだとしても、ここまでしてくれるならボクはもう何も言うことはない。B.B.プルトップ、見た目と裏腹の巧者。

ビッグバドが強大なリップで強大な浮力を持つボディを潜らせようとする、いわばせめぎ合いで水を動かすのに対し、B.B.プルトップはサーフェイスクランクのように、強大な浮力を垂直に立ったリップで水面撹拌。だからビッグバドと比べると、手ごたえ的には少々優しい。このあたり、使いわけ出来そうな人はピンとくるのでは。

そして大サイズがビッグバド同様、ヒートン直結ブレードなのに対し、小サイズはエイトリグ＋スプリットリング接続のブレード。これ、お尻のカタチから察するに、小はそもそもビッグバドを目指したものではないんじゃなかろうかと。大サイズはビッグバドと同様、切り立った面で、小サイズは缶の底を意識したデザイン重視の形状だもの。だから大サイズはビッグバド・タイプ、小サイズはサーフェイスクランクなんだろうなあ、とボクは思う。よかったなあ、気がついて。危うく小サイズをヒートン直結に改造しちゃうところだったよ（汗）。

天才度 ★★★
B級度 ★★★★★
『ビッグバドより
タイアップが似合いそう』度
★★★★

ルアー渡世浮き沈み
DIVING DOODLE BUG
ダイビングドゥードゥルバグ
Aqua Sport, Inc.
[アクアスポーツ・インク] 70年代

原寸大

　お尻のキャップから匂うは怪しい仕込み系ギミックの香り。そして察しのいいそこの貴兄、そう、ストームで正解！ その塗りは出自を隠せない。どうもアクアスポーツはストームのノベルティ専門の別ブランドで、ほどなくタビータックル・カンパニーと名を変え、やがて80年代前半にストーム一本化となった次第。

　そういや昔、ブランドの多チャンネル化が流行ってね。マツダなんかアンフィニ、ユーノス、オートザム、オートラマと5つもの系列展開。それぞれ独自のカラーを打ち出していたんです。しかしバブル崩壊と共にこの戦略も大失敗。以降、長らくフォード傘下にて我慢の経営を強いられる。しかしそれはマツダにとって大きな糧となる、重要な時期でもあったワケです。

　毎度場違いな話はさておき（笑）、ドゥードゥルバグ。キャップを外してタブレットと水を入れるんだけど、となると金属の噴射口は口。そう、リグやフックの向きからもわかるとおり、実は頭がお尻という、大方の予想を裏切る展開。専用タブレットなぞ持っているはずもなく、でも、なんとなくでもどんな風だか見たいボクは、炭酸入浴剤を砕いて試すことに。するとどうでしょう！…と、驚きたかったのに、フックを下に水底へ沈み、しばらくすると泡と共にフワ〜ッと水面まで浮いてくるつつましやかな様。バーチカルなアクションは自動的に繰り返され、4〜5回ほどでストップ。タブレット消耗まで水を補充し繰り返し使うことは出来るけどね。きっと純正タブレットはもっと強力で、動線はバーチカルじゃないかもしれないし、泡もずっと派手なんだと思う。結局、判断のしづらい結果となったけど、自ら動く様子はかなり新鮮です。

　あ、ボクらが上下させればいいじゃん、なんて不粋な物言いはナシナシよ。だって勝手に動くところがキモなんだから。

天才度 ★★
B級度 ★★★★
『強い炭酸タブレット求む』度 ★★★★★

波をブリブリグリグリかきわけて
1-MINUS
ワンマイナス
Mann's Bait Co.
［マンズベイト・カンパニー］
80年代後半～
2010年代

左の黒いのはボクが塗ったヤツ。カラー名、BLPB（ブラックポイズンバグ）。名前くらいカッコつけとかないとね（笑）。

…とは言うものの、タイニーワンマイナス。一族の性格を考えると、どうしてタイニーサイズを作ったのか正直わからない。ただ小さくしてみたかっただけとか？ 真実なんて意外とそんなところだったりするよ？

マンズ。…どうしてマンズはこうなのか。ボクはこのメーカー大好きで～す！ 常軌を逸した1ozの大塊に誰もが恐れおののいた、絶対君主ワンマイナス。今でこそ珍しくないサイズだけど、当時としては大きすぎる体躯と重さに、ほとんどのバサーの腰が引けたのは事実。そして絶対的な質量の力に気づく者が現れ、大きさへのアレルギーも薄れ、このあたりからバサーの感覚が壊れて始めていくと（笑）。

さて、ワンマイナスに火がついたのは、バスマスタートップ100でベイビーサイズがウイニングルアーとなったこと。それに伴いサーフェイスレンジのクランクベイトに俄然、注目が集まるワケです。ただ、実のところワンマイナスはその名以上

に潜っちゃうから、昨今のサーフェイスクランクのつもりで引くと拍子抜けするかもしれない。厚みのある圧倒的なボディ形状と質量、他ではあまり見ない真ん中の盛り上がったリップで水を割り、押し退けるタイプ。ボク的なイメージは、まるでお母さんサイズのおにぎりを引いてるような感じ（わかるでしょ？ 笑）。その独特な水押しや強さの質がキモなのではないかと。例えば以降現れるサブワートあたりは、強大な浮力を持つボディを立てたリップで左右に振り回すタイプ。レンジは影響を受けても、本質的な部分でワンマイナスに続く者は現れていない気がするんです。いわば超脱孤高のシャロークランク。

ちなみに一番小さいタイニーサイズ。こっちはまた違った面白さがあって、リトリーブの速さでアクションが変わる。その境は明確だから、意識的にオンオフするといいことあるかも？

天才度 ★★★★★　B級度 ★★
『目の位置の心地悪い感じなんかは、マンズの真骨頂』度 ★★★★★

"ばかうけ"でおなじみ、栗山米菓というお菓子屋さんのコラボ食玩"釣りキチ三平ルアーコレクション"。2004年の第1弾が評判よかったためか、翌年には第2弾を追加。そのラインナップのお約束、シークレット扱いだったのがこれ、ばかうけ。そう、お菓子自身がオマケのルアーというコペルニクス的展開。構造としては"アントニオ猪木自身がパチスロ機"や、"代打、オレ"の選手兼監督、ノムさんや古田敦也さんみたいなものである（わからなければスルーしといてください。笑）。

これはまさにシークレットのポジションを与えられただけあって、ルアーとしても大当たり。適度な長さのスライドでボディを左右に倒し、スイッシュ。その際、焼き面は効果的な明滅効果をもたらし、さらにこのアイテムの大当たり感は増すワケですよ。これはばかうけのカ

タチがこの上なくルアー向きだったという奇跡。そのチャンスを自ら無駄にすることなく、ルアーとして正しい方向に料理した手腕。マックスファクトリーという、ガレージキット界では知名度の高いメーカーが手がけたんだけど、やっぱりルアーを知らない人が作った感が強かったシリーズ。その中において、たとえまぐれであろうとこのばかうけは大当たり。シークレットに値するだけのことはある、力あるプラグなんですね。

ただしシリーズの共通点として、やっぱりエイトリグのガタガタは不安。ティッシュやつまようじを差し込んで、瞬間接着剤を染み込ませる等して補強してあげてね。

天才度 ★★★★　B級度 ★★★★★
『カラーの再現度はさすが本職』度
★★★★★

もしかして、
わかっててやっているのだろうか？
原寸大 **BAKAUKE**
ばかうけ
kuriyama Beika ［栗山米菓］2005年

未だ見ぬ夢でも詰めようか
BAD PACKER
バッドパッカー
Tracy Lures ［トレイシールアーズ］2000年代

　お洒落な印象が強いハルシオンシステムのブランド、トレイシールアーズの、バッドパックシステムを採用した入魂のビッグなビッグバド・フォロワー、その名もバッドパッカー。トレイシールアーズというと、ことバスプラグに関しては元ネタのアップサイジングが共通の基本線。ヘルレイザーやドラド、ハイテイル等を大きくアレンジしボクらを驚かせた。なかでも特に目を惹いたのは、未だ見ぬ斬新なる空洞形態。

　ボディ長80mm強・1-1/2oz という巨大な体躯は、重量感溢れるバドアクション。逆を言うと、やはり鈍重な感じは否めない。ただ、これはアップサイジングに伴う当然の事象。そこを美点と捉えられるのならば、強大な水の撹拌は必ずやアナタの武器となるはず。そして特筆すべきはバッドパックシステム。ブレードを回すとはてしなく長いヒートンが外れ、頭部がパカッと外れる。つまりボディ内部に好きなものを入れられるワケ。極端な話、バッドパッカーならワンキャストごとに入れ替えられる。ザ・中身ローテーション戦法（その頻度はないか。笑）。

　とにかく感心するのはその精度と強度。頭部の雌ネジは極力抜けないように、ギザギザなローレット加工を施したものを埋めてブランク成型しているし、合わせ目の精度はこれ以上ないほどの適格なキツさ。ボディもロングヒートンもOリングで防水はぬかりなく、ブレードがネジの代わりになっているところも素晴らしい。元になるものは何一つ破綻せず、それでいて不安に思うことなく脱着が出来る。これはね、本当に大変だったろうし、本当に凄いことなんですよ。しかも投げて釣るものだということを考えると、驚き指数さらに倍。だから皆さん、ラトルでもホイルでも写真でも、安心して好きなものを入れましょう。ボクなら…、アレ入れちゃうな（秘密）。

天才度 ★★★★　B級度 ★★★★★
『このシステムのプラグ、
もっと欲しかったね』度 ★★★★★

"スピナーベイトは最も多用途性のあるルアーだが、一つだけ欠けているものがある。それはサウンドだ。美味しい食事ですよ、こっちですよ、という合図を示してやる必要がある"（意訳）。

開発者シューストリングお爺の有り難いお言葉と共にザ・トルネードは現れた。そしてボクは素直に買った。お言葉は後から知ったけど（笑）。

今まで見たことのない特異なアルミブレードは、メッキを施し光沢を備えるぬかりのなさ。後部を折り返しつつ完全に閉じぬ様は、水噛みや音を意識した大事な部分であることが窺える。そのアイディアてんこもりなブレードを留めるのは、大きなスイベルを巧みに利用した、一番の売りであるサウンド面を支えるドラムセクション。リトリーブを始めるとカカカカカ…、とドラムセクションがブレードを叩き、それは水上のボクらも確認出来る確かな音。そしてもう一つの売りはバズベイト使いも出来るよ、ということ。扁平ヘッドをもってしても常に水面を規則的にはじくのはしんどいけど、ここはシューストリングお爺の言うように、数フィートごとに水面を割る使い方で。今で言うバジングなんですね。それでもこのブレードが発するバジングサウンドはやはりひと味もふた味も違う、金属音を伴う派手なもの。あともう一つ。特徴的なラインアイ上部の凹みに輪ゴムをかけ、片やバーブにかけて簡易ウィードレス。それでジギングも試してみよとのお達しが…。

どうです、多用途性のあるスピナーベイトに、さらに多用途性を持たせた宇宙一使い勝手のいいザ・トルネードは。ボクが素直に買ってしまう気も少しわかったでしょ？ え、わからないって？ そういう人はシューストリングお爺に小一時間、説教してもらいなさい（笑）。

オイラを投げれば嵐を呼ぶぜ

THE TORNADO
ザ・トルネード
Bass Pro Shops
[バスプロショップス]
80年代後半〜90年代半ば

バジング時はラインをひとつ上のアイに引っかけるとか、そんな記憶があるんだよね。他の何かと勘違いしてる？ あ、スカートは例によって変更済。

天才度 ★★★★
B級度 ★★★★★
『バスプロショップスもずっと一押ししてた』度 ★★★★★

063

超絶振幅発生装置
BASS FRAPPE
バスフラッペ

Yo-zuri [ヨーヅリ] 90年代前半

原寸大

独自性溢れるヨーヅリのルアーはどれも楽しげ。送り手側も楽しんでいる、そんな様が伝わってくるようで、ボクらもワクワクしたのは本当の本当。それはネーミングにもバッチリ表れていて、このバスフラッペも間違いなくその類い。おそらくこの小さな扁平ボディに対し、まるでそのままフラッペを食べれるくらい大きく長いリップに寄せた、絶妙なネーミングなんだと思う。もちろんバスフラッペより大きなリップを持つルアーはごまんとあるけど、この体躯にこのリップ！？という、アスペクト比とか黄金比なんていう概念を飛び越えた様と、的確なのにあまりに可愛らしい名前も相まって、ボク的に印象の深いプラグとなっているワケです。

面白いのは見た目や名前だけじゃなくそのアクション。天下のヨーヅリらしく、プリプリと左右にキレ味のある泳ぎはラトル音を伴う。そしてボクが気になったのはアクション時のボディの位置。長大なリップのおかげで、ボディのはるか前方にラインアイ。つまり支点から遠い位置にギュッとコンパクトなボディを置けば、振れ巾

も自由度も大きい。…なんて狙いだったんじゃなかろうか？ 毎度勝手な思い込みだけど、短くて可愛らしいボディも説明つきそうでしょ？

ただ、ひとつだけ残念なことが…。それは何かというと、残存数。ほぼ同じ時期のホットジョーカーあたりと比べると、売れ方が芳しくなかったのか、圧倒的に出てこないんです。でも、クランクベイトが熱い今ならばちょっと面白い存在かも？？？

天才度 ★★★★★
B級度 ★★★★★
『そこらの
アイス用スプーン
よりよっぽど
食べやすそう』度
★★★★★

ロジャースといえば、実は上から下まで抜け目のないラインナップをもっていて、ボクらの記憶以上にしっかりとしたルアーメーカーだったように思う。どんなことがあってもつぶらな出目は忘れず、野暮ったいボディラインもロジャースならではの雰囲気づくりに一役買っていたよね。そして我が国におけるロジャースの印象は、後年のラッキーストライク・パッケージの、上州屋系列による大バーゲンが決定づけたように思う。その頃になるとずいぶんとクォリティも変わってしまっていたけど、あの暴力的な安さのおかげで再度ロジャースが広まったのも事実。一体何が功を奏し、そしてどう影響を及ぼしたのか…。

というワケで、今回はその頃の小さな1/4ozのビッグジムを。細かいことを言うとブルーバック・クリアはモールドがハッキリしていて、腹部ヒートン付近のペイントスティック跡がない。もしかするとこれだけ時期が少し違うかもしれないね。さて、投げ売りされたとはいえ、そこはビッグジム。塗りや素材の調子が変わろうと過不足はない。部屋に収められた二つのカタカタラトルも相まって、小さいながらも投げやすく、思ったよりもタイトなウォブリング。プラス、気安さも手伝ってか、たくさんのバスを連れてきてくれた。

だからこのクランクベイトで初バスを釣った少年も少なからずいたと思うと、それは一にも二にも、わずかなお小遣いで買えた上州屋の大バーゲンのおかげだったのではないかと。そしてロジャースのイメージは少し狂ってしまったのかもしれないけど、その貢献度は、それはそれは大きかったはずなのだ。

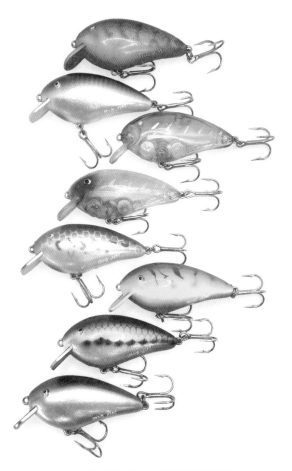

評価と貢献度の相関関係
BIGJIM
ビッグジム
Logers / Luck-E-Strike
[ロジャース／ラッキーストライク]　70年代～2000年代

天才度 ★★　B級度 ★★★★
『ディスカウントスーパー・ロヂャースとは無関係』度
★★★★★

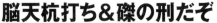

脳天杭打ち＆磔の刑だぞ
BASS CHARGER
バスチャージャー
Katchmore Bait Co
[キャッチモアベイト・カンパニー]
50年代 ～ 70年代

ネジで頭にグリグリ穴をあけられ、身体を拘束される可哀想なレザーレッグ。ああ、そうだ、書いてて思い出した。ボクが唯一気に入らなかったのは、レザーとボディのカラーが合ってないところだ！

　独特がすぎるフックシステムと、独特がすぎる脚の表現と固定方法。バスチャージャー、水面上の残酷極刑執行者。なんて言ってしまうと恐ろしげなんだけど、ベビーザラのお尻がかじられたようなカタチはなかなか可愛らしく、出目も相まって愛嬌はある部類。まずはシングルフックが2本、それぞれビス打ちにて並列装着。これは上下はもちろんのこと、ビスの遊び分、軽く左右にも動く遊動式。そしてレザーレッグをお尻の枠に通して脳天にビスを打ち、磔にするという衝撃的な固定方法。少しの違和感を覚えるのは、プラグとして優れた表情と、極めて機能的な部分がきっとなじんでいないからだ。こういったいびつなところに惹かれるのも事実といえば事実なんですけど（笑）。

　ただね、実はとっても使い勝手がよくって、ボクは結構気に入ってる。フックは50度ほどの角度で下がり、障害物を超える時は遊動性をもってクリア。着水時の姿勢さえ間違えなければま

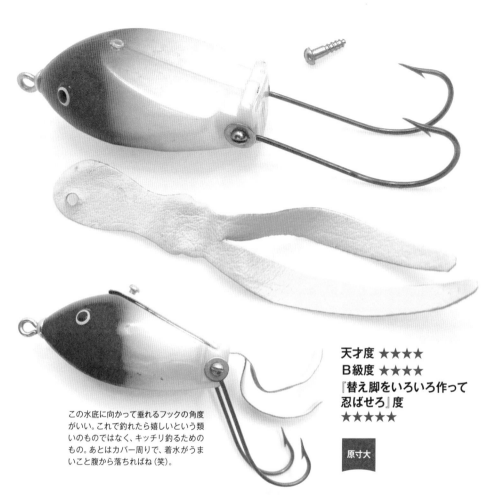

この水底に向かって垂れるフックの角度がいい。これで釣れたら嬉しいという類いのものではなく、キッチリ釣るためのもの。あとはカバー周りで、着水がうまいこと腹から落ちればね（笑）。

天才度 ★★★★
B級度 ★★★★
『替え脚をいろいろ作って
忍ばせろ』度
★★★★★

原寸大

あまあのウィードレス性。そして礫レザーレッグはクチャッと折りグセがついてもひとたび水に浸かれば復活するので、あまり気にしなくていい。そして、フックもレッグも交換が容易なこと。場合によっては最近のワームフックに自作のレッグ、なんてのもいいよね。さらにはこの短い体躯でよく動くこと。足の短い首振りは障害物周りにもってこいで、それこそベビーザラ

みたいに左右にピョコピョコしてくれるし、場合によっては軽めのダイビングもこなす。硬いプラグで厳しいところをやりたい人ならば、一つ持っていてもいいと思うなあ。

さあ、お題目に踊らされてそこかしこにあるフォーマットに自らをはめこみ、それで納得しているつもりのアナタ。バス釣りをエキサイティングにするのは、アナタ次第です（笑）。

ヘッドユニットすげ替え団
BLABBER MOUTH & TROUBLE MAKER
ブラバーマウス＆トラブルメイカー
Gudebrod ［グデブロッド］60年代〜2000年代

グデブロッド社のルアーブランド、ゴールデンアイ。その名を体現する大きな目玉は、一発でここんちのプラグだとわかる大事な大事なチャームポイント。そしてヘッドユニットのバリエーションによってラインナップを構成する合理的なシステムにもかかわらず、それぞれにうまく性格を持たせるやり手の手腕。この二者はもちろん、シナースピナー、バンプNグラインド、スナイパー、バスピリン、ニンブルノーズは下半身流用。小さいサイズがあるものは小さい下半身流用。ビッピーとグッディ、マーベリックやMR.マーダーあたりを除く実に6割強。そしてすげ替え団全てに

美しくもあざといインサートホイルが入ると。先のラッキーデイベイトほどじゃないにしろ、パーツ流用は世界共通の常套手段。でもそれに気がつくと嬉しくなっちゃうよね（笑）。

それでも性格チェンジはうまいこと成され、ブラバーマウスは顎の面で水を受けるぶん足は長くないけど、誰でもカンタンにサウンドを伴いつつ左右へ身体を送ることが出来る。そしてトラブルメイカーには軽やかなポップ音と首振りを与え、それぞれの役割を明確にしたのはさすが老獪なグデブロッドといったところか。

そうそう、スミス扱いのブラバーマウスはスカートつきとプロペラつきの2種展開。何もついてないヤツも、例えば本国ではあったかもしれない。そして近年ものは代名詞である目がプリズムシールになって、ボクらを大いにガッカリさせる。そういう合理化だけは勘弁して欲しかったなあ。だってそれじゃあゴールデンアイじゃないじゃない（泣）。

天才度 ★★★
B級度 ★★
『ここのプラグは
熱膨張に弱し。
車内放置厳禁』度
★★★★

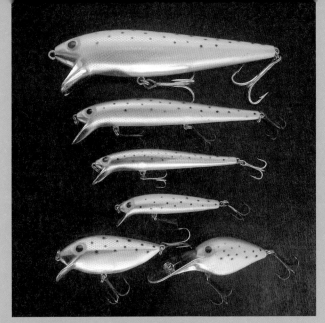

同じカラーを
集めるということ

Same Color Collection

　ボクは同じカラーを集めることは特
にしていないんだけど、やっぱり意識
せずとも集まってきてしまうもの。こ
れはメタリックホットグリーンスペッ
クスというカラーらしく、こうして揃
うとなかなかカッコよく見える。同じカ
ラーを集めたくなる気持ちがちょっと
わかってきたかもしれない（笑）。

　そうそう、カラーローテーションとい
う言葉、よく聞きますよね？　これを
サイズローテーションしたらどうなるの
かな、と。これでいうならベイビーサ

ンダースティック→サンダースティッ
クJR.→サンダースティックとか。おお、
サイズが変わった！と、バスに思わせた
らしめたもの。しかし、あとひと押し欲
しいならばラスボス、巨漢シャローマッ
ク投入。それでもダメなら合間にラトリ
ン・スィンフィンとフラットワートを挟
んだ打線を組んでみるとか？　もちろん
逆に小さくしていってもいいと思うん
ですよ。シャローマックからベイビーサ
ンダースティックまで。どうです？　全く
効きそうにないでしょ？　眺めててふと
そう思っただけだから（笑）。

　でも、一見バカバカしく思うことで
も、世の中"もしかして"がないとも限ら
ない。正解が多数派に傾くとは限らん
のですよ。だから余計、どうしてここに
ウィグルワートやショートワート、ホッ
テントットあたりのメジャー選手がいな
いのかと。そうすればもっと強力な打
線が組めるのに（笑）。

ポパイを始め、どこのショップでも大体見かけたルーハージェンセン。エディ・ポープやエヴァンス、サム・グリフィンにオザークマウンテンなどなど、名だたるメーカーを精力的に買収し、プラドコの向こうを張る一大勢力となるのかと思っていたんだけど、ラパラの軍門に下ることになった時はちょっと驚いた。なにかこう、食物連鎖のピラミッドがふと思い浮かんでね。ともあれ、ルーハージェンセンがとっても元気だった頃にクリーンナップを担っていた、ウォブルポップ。

直線的で気持ちのいいシンプルなボディライン、フェザーフックを備えた体裁は、極めてオーソドックスなポッパーだと思っていたんです。ところがね、ショップの店長さんが教えてくれた真の使い方を聞いて驚いた。なんと速引きでノイジーのように使うんですって。恥ずかしながら知らなかった。これ、決して後づけの思い直しじゃなくてね、ナゼにウォブルという名前がついてるのかな、とは思ってた。いや、ホント（笑）。聞いて早速試してみたら、片手間的な水面ウォブルを想像をしていたボクの浅はかな予想はガラガラと大きな音を立てて崩れ、こっちがメインだったのか！と、さらに驚いたワケです。店長さん、このルアーで凄くいい思いをしたそうで、今でも大好きなプラグなんですって。

しかし自分的必釣ルアーの話って聞いてて面白いし、ためになるよね。全国行脚で皆さんの話を聞かせてもらいたいくらい。あ、ちなみに手前のヤツはポパイのリミテッドカラー。ここんちは精力的に、カッコいいオリジナルカラーをたくさんたくさん出していたね。

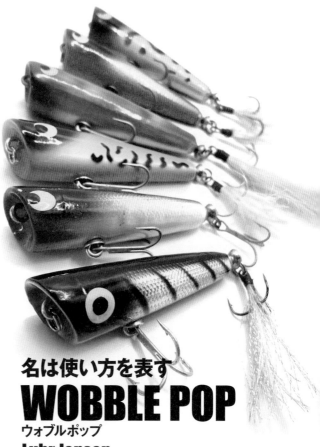

名は使い方を表す
WOBBLE POP
ウォブルポップ
Luhr Jensen
[ルーハージェンセン] 90年代〜2000年代

天才度 ★★★★　B級度 ★★★★
『体長2/3ほどの
ショートボディもあり』度
★★★★★

短命だったのは所属と名前
RATL "RRR" A

ラトルA
Bomber Lures
[ボーマールアーズ] 90年前後

ボックス裏のバーコードステッカーも大事。ラトルAの存在を示す、確かな証なのだから。

　なんだかどこかで、しかもよく見るような気がすっごくするでしょう？　ボーマーの当時のモダン・バイブレーション、英表記にならえばラトルルルルゥ、A！（格闘技PRIDEの選手紹介みたい。笑）断面形が肩口・ウエスト・腹部といったように凸凹凸と抑揚があり、それまでのまな板のようなバイブレーションとは一線を画すライン。大きなカタカタが一つ、小さなジャラジャラが複数のコンビネーションラトルとともに、世代交代を感じさせる登場だったんですね。

　ところがこのラトルA、わずかな期間をもって姿を消す。いや、正確にはその名が消える。なんと、あろうことか同じプラドコ傘下のコットン・コーデルからスーパースポットとして売り出されることに。これには正直驚いた。ボーマーそのままのカラーがあったからだ。ボクが最初に感じた違和感は、コーデルなのにこのカラー？というところだったからね。同じグルー

プ内だし、どうせならスポットのネームバリューを利用したほうがいいよ、鞍替えしちゃえ！という理屈もわからなくもない。

　でもスポットだよ？　今では当たり前のように毎日世界のどこかで鳴り響く、あのラトルを生んだスポットだよ？　万が一、知らない人のためにざっくり言うと、パートのおばちゃんが間違えてサイズの小さなウェイトを入れたスポットが、カタカタ音を立てて爆釣だったことから広まったワケ。そんな歴史的なルアーにこの仕打ち。なんだか悲しくなっちゃうよね。初めからスポットとして計画されていたのならいざ知らず、都合や利益で大切な部分がないがしろにされる。正しいだけじゃ世の中、回らないから。

天才度 ★★★　　B級度 ★★★
『でも、ラトルAにはなんの罪もなし』度
★★★★★

やっぱり
バスっぽいワケです

MACADOO
マカドゥー

Mack's Lure
［マックス・ルアー］
年代不明

　ヒゲをたくわえたマッチョなおじさん、再登場。AKB48よろしくチェックのスカートといういでたちで、巨大なフックと共に微笑みかけているという、今風に言うと"HENTAI"で強烈なキャラクター使用のマックス・ルアー。もっとも現在は化石っぽい一見カッコよさげなサカナのマークに変更されたけど、ひと目見たら忘れられない強烈なおじさんは、やっぱり捨て難い。もし由緒正しきおじさんだったらゴメンね。

　そんなマックス・ルアーのこれまた可愛らしいクランクベイト、マカドゥー。いや、可愛いさで言えばB列参掲載のショアドゥーに一歩譲るか。そのかわりと言ってはなんだけど、1/2ozと実に使いやすいサイズ。リップから背中にか

けて水を受ける体裁は、明らかショアドゥーと違う狙いもありそう。なにより特徴的なのは、ツインラインアイで泳層管理が出来ること。上はワイドウォブリングでシャロー使い。下はピッチが細かくスムーズに中層へ、という感じ。やはりサーモンメインのメーカーらしくトロウリングも…。と、今回も言ってると思った。ところがショアドゥーと違ってひと言も言ってないんですよ。つまりキャスティング重視。やっぱり明確な違いがあったか。それでもお尻はお約束のおサカナ系で、マックス・ルアーらしさを忘れないのはさすが。ちょっともったいないくらいのバスっぽさ、ボクは好きなんだけどなあ。

天才度 ★★　B級度 ★★★★★
『いいセンスなのに、
プラグやめちゃって残念』度
★★★★★

故きを用いて新しきを知る
CRANKIE DARTER 90 & 100
クランキーダーター90&100
Tiemco
[ティムコ] 80年代終盤～90年代

70mmの体躯に似つかわしくない長大なアルミリップを携える様に、今なお強い野心を感じるディープクランク。でも、これが記念すべきティムコ初のオリジナルプラグというのはちょっと意外な気もする、解き明かされた新たな道をゆくクランキーダーター。

ややタイトなウォブリングを持ってボトムコンタクトでのヒラ打ちを狙ったディープクランクとしてデビューしたのは実に40年近く前。ところが最近、房総でクランキーダーターが驚異的な釣果を叩き出していると評判になり、ついにティムコが動き再販されることに。しかしその使い方はサーフェイスをゆっくり引くという、完全なる送り手側の想定外。ユーザーの思いもよらぬ使い方には驚かされる、とあるメーカーの方が言ってたけど、これはまさに最たるもの。なるほど、下を向きつつお尻を出し、イヤイヤしながらやってくる様は実に面白い。

でも、こういうのってとてもいいことだと思うなあ。昔のプラグにもいいものはたくさんあって、それでも紆余曲折を経て消えていった。ただ、その全てが釣れないから消えたのでは決してない。そして特に今回は、新たな使用法が見出されたことを受けての復活。これぞ痛快蘇生劇。弱点であるリップつけ根の脆弱さの解消や、リッ

一番右の"S"はサスペンド。これは復活ならず。

プ素材に超ジュラルミンの使用。さらには新たな使い方を踏まえた重量変更等、さまざまな改良を施しての再登場。だから数ある昔のルアーもあまり囚われずに使ってみれば、クランキーダーターのように新しい何かが見つかるのかもしれない。

毎度ボクが言う冗談の中にも、もしかしたらあるかもしれんのですよ、もんのすごい何かが。でも言ってる本人気づいてないから、皆さんがうまいこと拾ってください。頼みましたよ(笑)。

天才度 ★★★ B級度 ★★★
『このリップ、もはやノイジー・ウイングばりの
存在感だものね』度 ★★★★★

蛇行のジェットアクション
JET JIGGLER
ジェットジグラー
Ko Plug Co.
［KOプラグ・カンパニー］60年代

　大きな口は水流と共にボクらの欲望をも飲み
こみ、見事サカナを従えるのか。蛇行ホールで
水を捻るジェットアクション、ニューヨークは
ヨンカーズ、KOプラグ謹製、ジェットジグラー。
これね、キャストすると鳴くんですよ、ヒュッて。
それくらい取り込む穴が大きい。そしてこんな
穴持ちのわりに、なんとフローティングなんで
すね。嬉しくてボクは涙が出そう。コイツは水
を捻り出すみたいけど（笑）。

　さて、大きな口から水を取り込み、穴は一旦右
へ蛇行。そして真ん中に戻りお尻から排出。穴

は後部に向かって絞られていて、これがジェッ
トアクションを生むというワケ。ということは、
水流はほぼボディ内右側を通っていくのにこれ
が泳ぎに影響せず、進路や体勢が偏らないのは
素晴らしい。さらにボディ外側はタテワレなの
に対し、内壁はヨコワレ。さらにさらに口とお尻
で内壁を保持している構造だから、浮力を得るた
めにかなり複雑なことをしているんですね。こ
れは凄く大変な難しいことをしてる。どうして
も浮かせて使いたかったんだろうなあ。

　アクションはというと、顎下の風変わりな短

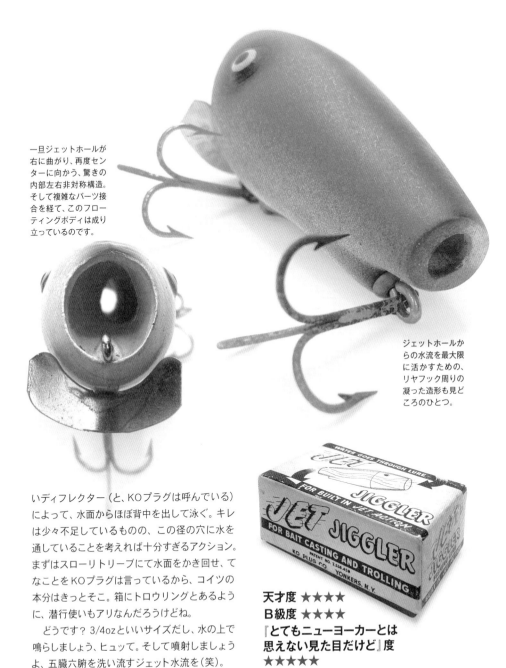

一旦ジェットホールが右に曲がり、再度センターに向かう、驚きの内部左右非対称構造。そして複雑なパーツ接合を経て、このフローティングボディは成り立っているのです。

ジェットホールからの水流を最大限に活かすための、リヤフック周りの凝った造形も見どころのひとつ。

いディフレクター（と、KOプラグは呼んでいる）によって、水面からほぼ背中を出して泳ぐ。キレは少々不足しているものの、この径の穴に水を通していることを考えれば十分すぎるアクション。まずはスローリトリーブにて水面をかき回せ、てなことをKOプラグは言っているから、コイツの本分はきっとそこ。箱にトロウリングとあるように、潜行使いもアリなんだろうけどね。

　どうです？ 3/4ozといいサイズだし、水の上で鳴らしましょう、ヒュッて。そして噴射しましょうよ、五臓六腑を洗い流すジェット水流を（笑）。

天才度 ★★★★
B級度 ★★★★
『とてもニューヨーカーとは思えない見た目だけど』度
★★★★★

アベック豆台風の爪跡
W-HURRICANE
ダブルハリケーン
Woody Like Industory
[ウッディライク・インダストリー] 2000年代

　ハリケーンと言えば毎年我が国でも猛威を振るい、ボクもひと晩中、強風で曲がりそうなシャッターを押さえていたという苦い経験があるんですが、そんな恐ろし気なものが二つもついているという、プロショップ天狗／ウッドハウスのブランド、ウッディライク・インダストリーよりリリース、その名もダブルハリケーン。

　実はその当時、B級ルアー列伝はホームページがありましてね。そもそもそれが原点だったんです。それがいつしかプロバイダの事業撤退と共

に消滅、今に至るというワケ。そのホームページを立ち上げてしばらく経ったころ。このプラグが発売になるということで、天狗さんと少しやりとりをしていてね。その時に教えてもらったのは、確か元々、クマゼミという発泡素材の少数生産品があって、満を持してのインジェクション化がこのダブルハリケーンだったということ。75mm・3/4ozというサイズ感からもわかるように、はなっからクマゼミを目指した、クマゼミパターンのためのクマゼミルアー。そのシルエッ

腹部のウネウネの表現も、なかなか気持ち悪くていい感じ。アレンジングがうまくいってる。アクション時にもこの凹凸が効いてくるのかな？

原寸大

トを活かし、一点でクルッ、クルッ、パタピチャ誘うもよし。非常に効果的なタダ引きダブルハリケーン・バジングを楽しむもよし。本気印の黒い化研フックが、ただただカタチに注力しただけでないことを物語る。あ、もしかして黒いほうがうまくすると脚っぽく見えるかも、という狙いなのかなあ。送り手はボクらの想像以上にいろいろなことを考えているだろうからね。

　そうそう、パッケージ裏の"肝心なのはアングラーの『遊び心』と『想像力』"という言葉は、ウッドハウスから心豊かなバサーたちへの提案、そして挑戦状。これは決して牧歌的な意味ではないと思う。楽しむ余裕を持ちつつ、真剣に釣りを遊ぼうよ、ということだったんじゃないかな。

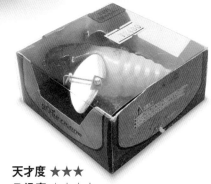

天才度 ★★★
B級度 ★★★★
『夏のオーバーハングに
ハリケーン・ボルト』度 ★★★★★

原寸大

お尻は空にとどまりて
CHATTER-CHUB
チャターチャブ
Fred Arbogast ［フレッドアーボガスト］60年代〜70年代

逆さにしても泳ぎそうな、大御所フレッドアーボガストの昔のバイブレーション。上には見えて上には見えず、下には見えて下には見えず、なんとも不思議な魚体模型、チャターチャブ。実際、腹部前方はバイブレーションの典型的なフォーマットに沿う、平らな面を備えているんだからね。

さて、上下をわけるパーティングラインを頂点に角を立て、サイドビューにアクセントを利かせるこのお方。その名のとおり、ゴトゴト音のワンノッカー。さらにさらに、予想を裏切るフローティングとくれば、皆に声かけ一晩中、狂喜乱舞のお祭り騒ぎ（笑）。

そう、このおでこを立てたヘッド形状はおそらくフローティング・アクションのためのもの。ワンノッカーバイブレーションが短いピッチを使い、お尻で水面を震わせる滅多に見ない光景。そのための必然的なカタチだったワケです。面白いなあ、全ての事象には理由がある。そしてデフォルトでついている、ボディに不釣り合いな小さいフックも、フローティング・アクションのための重要なサイズなのかもしれない。

もちろん深く考えず、例えばありもので済ますこともあると思う。ただこの手のヤツは、まずは送り手の意図を汲むことが大事なんだろうなあ。… なんて偉そうに言ってるこのボクも、さほど考えもなしにああでもない、こうでもないっていろいろ触っちゃうから（汗）。

天才度 ★★★★　B級度 ★★★★★
『まあまあ珍しいので見かけたらゼヒ』度
★★★★★

未だ海外マニアの羨望の声高く。北中南米で好きなルアーアンケートを取れば、まずランキング入りする意外なメイド・イン・ジャパン、ケンスティック。その同金型展開としてフェニックス・アレックスフォース、そしておそらく国内流通のみのヘルバット。実はコイツ、ブランド名をどことするのか少々難しい。なぜならパケに表記がないからだ。上州屋？ ケンクラフト？ ケンクラフトマニアの友人の話だと、そもそもキャンベル専用ケンスティックという立ち位置だったらしいから、便宜上、キャンベルとしておきます。もし違ったらゴメンなさい。

そんな隠れ人気の兄を持つヘルバット。実はヘルバットシリーズのみラインナップされるモデルが存在するんですね。それがヘルバット・ドッグウォーカー・ペンシルスイッシュテイル。ペラを追加して単にバリエーションを増やしたかっただけなんだろうなあ、なんて初めは思ってた。なぜなら凝ったカタチと型押しの特徴的な、それでいて良好な回転のボスペラは、同じ上州屋グループ、T.T.F（タイニートップファクトリー）からの流用だったせい。でもそれは大間違いだった。遊動ラトルをオミットし、立ち浮きのケンスティックとは明らかに違うほぼ水平浮きの別プラグ。ケンスティックの機敏に動く様やジャラジャラ音は微塵もない。パケ裏にはペンシル＋スイッシャーの自由自在に使えるプラグ、とあるんだけど、ボクの印象では直線的なスイッシャー。こうなってくるとね、むしろあちら好みのモデルだったんじゃないかなあ。もしスイッシュが輸

立ち位置だけで評価は出来ない

HELLBAT DOG WALKER PENCIL SWISH TAIL

ヘルバット・ドッグウォーカー・
ペンシルスイッシュテイル
Campbell
[キャンベル] 90年代

出されていたら、どんな評価だったのか気になって仕方がない今日この頃。

しかし、本国ですらプロペラの有無のみでバリエーションを増やすものがある中、上州屋グループは真摯に対峙していたんだなあ。と、あらためて感心するのでございます。

天才度 ★★　B級度 ★★★★
『さすがに名前長すぎ（泣）』度 ★★★★★

原寸大

バウハウス・フロッグ

BLUPER

ブルーパー

P.C.Fishing Tackle

[P.C.フィッシングタックル] 60年代 〜 70年代

目がしらの盛り上がりから一旦下がり、腰骨で再び盛り上がってスッと尾部に収束する様。正面からの、いっぱいに大きく開けた真円の口と目がしらのバランス、見え方の妙…。

これは完全にボクの勝手な思いなんだけど、自慢気に記されているボディサイドのパテントナンバー案件かもしれない、両サイドの特徴的なラバースカートなんてどうでもいい。ブルーパーが傑出している全ての要因は、このボディワークだから。その真骨頂はサイドビューで、完全に

垂直に切り立った口と顎が綺麗な直角を描き、背中は先のとおり、頭部〜腰部〜尾部へと規則正しい抑揚。ここがまた凄いところで、頭部から尾部をつなげばほぼ一直線。つまりカンタンに言うと、ウエストの窪みはそのラインから三角に切り取っただけなんです。これはもはやバウハウス・デザインの世界。完全に意識してデザインされているんですよ。カップの周りの平面すらもね。なぜならこれをしないと、横から見て直角三角形にならないから。生きる生命の象を

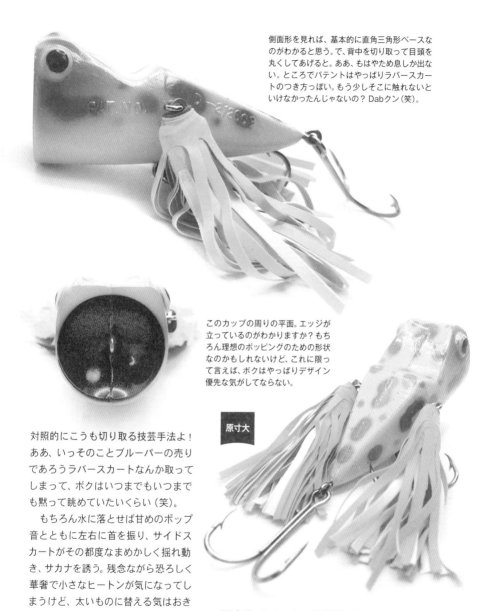

側面形を見れば、基本的に直角三角形ベースなのがわかると思う。で、背中を切り取って目頭を丸くしてあげると。ああ、もはやため息しか出ない。ところでパテントはやっぱりラバースカートのつき方っぽい。もう少しそこに触れないといけなかったんじゃないの？ Dabクン（笑）。

このカップの周りの平面。エッジが立っているのがわかりますか？ もちろん理想のポッピングのための形状なのかもしれないけど、これに限って言えば、ボクはやっぱりデザイン優先な気がしてならない。

原寸大

対照的にこうも切り取る技芸手法よ！ ああ、いっそのことブルーパーの売りであろうラバースカートなんか取ってしまって、ボクはいつまでもいつまでも黙って眺めていたいくらい（笑）。

　もちろん水に落とせば甘めのポップ音とともに左右に首を振り、サイドスカートがその都度なまめかしく揺れ動き、サカナを誘う。残念ながら恐ろしく華奢で小さなヒートンが気になってしまうけど、太いものに替える気はおきない。なぜならこのヒートンの細ささえも、デザイン的に計算されているのかもしれないのだから。

天才度 ★★★★　B級度 ★★★
『美しく見える理由は必ずあるのです』度
★★★★★

グレーベースに迷彩を施した、まるで潜水艦のようなナイスカラー。おまけに目が白フチの赤だから、あれは我が軍の艦なのではないか、などとつい口走ってしまう、ポゴスピナー。さらに腹部のキールがより艦船らしさを醸せいか、もはや自分には潜水艦としか思えないのであります、ジャックス・タックル大佐殿（笑）。

大方の予想どおりキールというのは基本的に直進安定性を上げるためのものであり、したがって余計なことはせず、そもそも出来ず、ひたすら

原寸大

直線系のアクションに従事するいわばプロっぽいプラグ。この手のスイッシャーには珍しく、でも性格を考えれば当然のごとく前後逆回転のラウンドプロペラを備え、ポロポロ甘いサウンドを奏でる。

…と、ここまで言っておいてなんですが、もしかするとジャックスタックルじゃない可能性が。その1：ジャックスのポゴスピナーの目はスミスウィックに酷似していること。その2：ジャックスのポゴスピナーはキールにサーフェイスリグが組まれていること。その3：今回のものは塗りが雑なこと。

ただね、アウトラインもパーティングラインも一致しているし、キールのヒートンの後ろにもう一つ穴を打ち込むガイドがあるということは、サーフェイスリグ前提の証。これはブランク自体、間違いなさそうな予感。さあ、果たしてコイツはポゴスピナーなのか？それともサードパーティ落ちなのか？さあ！さあ!!（皆さんに凄んでみたところで。笑）

急速潜航！…は、しない。
POGO SPINNER
ポゴスピナー
Jack's Tackle
［ジャックスタックル］
年代不明

天才度 ★★　B級度 ★★★★
『ジャックスタックルと言えば、誘導式ノイジーカップのリップルルアーが有名』度
★★★★★

喧騒をよそに、ただ水面を滑るのみ
PHRED'S PHYDEAUX

フレッズ・フィドー

Fred Arbogast

［フレッドアーボガスト］
90年代

当時、突如として現れたフレッドアーボガストらしからぬ体裁の新作ウッドシリーズ。厳密に言うと、過去をさかのぼればフレッドアーボガストにウッドプラグは当然ある。しかし、このシリーズは明らかにフレッドアーボガストのテイストからかけ離れ、ボクらは大いに戸惑い、そしておそらく売れ行きも芳しくなかったのではないかと。フレッズ・フィドー。ナゼかネーミングがフランス語で、呼び名でもアングラーを混乱の渦に叩きこんだお騒がせ者。

もうね、フェアード・フィーデオクス？などと、なんて言ってるのか自分でもよくわからないような呼び方でお茶を濁す輩が続出（笑）。バスプロショップスのカタログにはわざわざ英語で名前が併記されているから、その混乱はボクらだけじゃなく、フランス語圏外のアングラーは軒並み困惑しちゃったんだろうなあ…。

さて、物議を醸したウッドシリーズを手がけたのは、さすらいのルアー請け負い人、元バグ

リー・チーフデザイナーの肩書きを持つリー・シッソン。あちこちで依頼を受けていたものの、これ、うまくやらないとあちこちの個性が平たくなる危険性が。さらには元々のブランドが育んできた個性に寄せるのも簡単ではないから、やっぱり戸惑いが生まれる。そうこうしているうちにシッソンの評価自体、節操のないものとなってしまったのではないか。凄い人だとボクは思うけど。

もっともこのフレッズ・フィドー。110mmほどのフルサイズボディは伸びやかな足を誇り、ウッドの質量を活かしつつ左右へ身体を滑らせる。機能的に過不足のない、むしろ気持ちのいいアクションを持つ。でも、ルアーってきっとそれだけじゃないんだろうな。難しい面を見せてくれた、哀愁のペンシルベイトなのであります。

フレッズ・フィドー
小。プロペラがついたら、その名はフィドー・ターボとなる。

天才度 ★★
B級度 ★★★★
『EVISUのロゴ入りもあったね』度
★★★★★

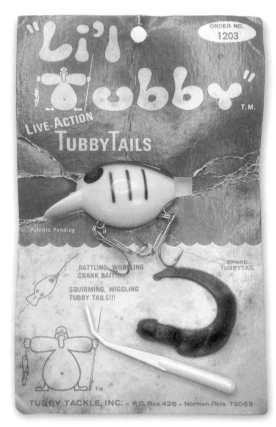

白い耳かきみたいなヤツは、ソフトテイルのための脱着スティック。これがないと確かにつけ外しが難しい。でも、そうまでしてもテイルアクションを皆に味わってもらいたかったんだろうなあ。

ピカチュウ! ソフトテイル!!

LI'L TUBBY＆TINY TUBBY

リルタビー ＆ タイニータビー

Tubby Tackle, Ink. ／ Storm

[タビータックル・インク／ストーム] 70年代 ～ 90年代

　つぶらな瞳とはち切れそうなまんまるっちいボディ。そこにシッポが細かくニョロニョロですよ（悶絶）。バスどころかボクらをも悠々と魅了する、水上のピカチュウ＆ピチュー、リルタビーとタイニータビー。きっと目の赤がピカチュウの

ホッペとリンクするんだな。たまたまこのカラーを持ってただけだけど（笑）。
　さて、タビータックルとしては70年代に発売。この体裁、このカラーリングはやっぱりストームだ。なぜならタビータックルはストーム子飼い

一番下のヤツはアビースペシャルのバグショット。テイル以外はタイニータビーだよね。ラインアイの位置から性格はちょっと違うけど。裾もヒラヒラしてるし、ポケモンで言えばミミッキュ（笑）。

のセカンドブランドとして活躍。残念ながらその後店じまいをし、80年代にストームより再発売された、というワケ。なのでボクは当時、完全にストームのルアーだと思っていたからね。ちなみに写真のものは、リルタビー → タビータックル名義、タイニータビー → ストーム名義。どうです？塗りや雰囲気に全く違いを感じないでしょう？

　そして泳ぎはというと、どちらも小さく細かく生命感溢れるシッポをニョロニョロと。初めはタイニータビーのロングリップを見て、単純に大小でレンジをわけたんだ、なんて思った。ただ、リルタビーはいわゆるファッツオータイプでスムーズに潜行し、意外にもリップの長いタイニータビーのほうが水面を引くことが出来る。スローリトリーブではウバンジに近い

イメージ、とても言えばいいか。ウィグルワート譲りの暴れ系で、やっぱり本来は潜行がメインだろうけど。しかし問題は売りのテイル。これ、脱着がイージーとはとても言い難い。そしてシッポがついたまま時間が経てば、ボディを痛める可能性も出てくる。あるいは運よくどこかで出会ったとしても、シッポがないケースも。スペアのシッポなんて多分、本体より出てこないからね。でも、たとえシッポがなかったとしても、似たようなワームを突っ込んで使ってみて欲しいとボクは思う。タイニータビーのトップ引きは特にね。あ、一つ変なのが混ざってるけど、気にしない、気にしない（笑）。

天才度 ★★★★　B級度 ★★★★★
『ルアーって、ポケモンと使い方が
一緒だよね』度 ★★★★

水面狂の二重層
TOP-R
トップ R
Rebel
［レーベル］
2000年代

原寸大

水滴ボディの顎下を削り取ったペンシルベイトやスイッシャー。古くはスポットテイルやヘルレイザー型、とでも言ったほうがいいか。オーソドックスな中にもヒタヒタと迫るレーベルの最新テクノロジー。トップR、この世界観はキミらだけのもの。

実のところ、プロペラがついたヤツはプロップRとでも呼ぶのかな、と思っていたら、どっちもトップRだったんですね（汗）。ナゼそんな風に思ったのかというと、これ、同じボディでありながら、ウェイト兼ラトルの有無に違いがあるから。お察しのとおりペンシルベイトには当然入るから、ややお尻下げ姿勢なワケですね。したがってペンシルベイトは機敏に首を振り、ダイブもこなす芸達者。しかしスイッシャーはというとほぼ水平浮き。これ、ボクには少々扱いが難しかった。それこそ両者共にウェイトを入れてもよかったんじゃないかなと。もちろんレーベル

のことだから確固たる狙いがあって、ボクがそれに気づいていないのかもしれないけど。

さておき、このトップRのカッコいいところ。それは上下パーツでカラーを変えるオモシロニ重層。クリア×クリアであったり、クリア×ベタ、ベタ×ベタ。それぞれに様々なカラーを用いることにより、予想だにせぬカラーバリエーションを産む。線材をボディから出し、丸く曲げる各アイの処理といい、合理主義のレーベルらしくて結構面白いなあ。…なんて思っていたんですけどね、どうも世間に受け入れられたとは言い難かったようで。ボク的にはこのボディワーク＆カラー展開、再評価されてもいいんじゃないかと思っているけどね。

天才度 ★★★　B級度 ★★★★★
『線材を伸ばして
動くペンシルにペラをつけるか』度 ★★

怒れる赤いイノシシは、バスを倒せたのか？
ARKANSAS RAZORBACK
アーカンソー・レイザーバック

Cotton Cordell ［コットンコーデル］70年代

おおよそルアーとして機能しそうにない、でも、ナゼだかどうしても欲しくなってしまうノベルティの魔力。仕方ないよ、これは不変の幻想なんだ（笑）。資料によると、完全無垢のこのボディはコットンコーデル作となっているんだけど、かのコーデルが手がけたとはとても思えぬ体裁。本当に作っていたのか、取り扱いだったのか。最終的にどこの誰がどうしていたかもわからなくなっている、そんな気がしないでもない。ひょっとしたら初めはそもそもキーホルダーだった、なんてオチでもちっともおかしくないよね。目を三角にして闘志丸出し。怒れる赤いイノシシ、アーカンソー・レイザーバック。

実を言うとこれ、アーカンソー大学・レイザーバックスのチームマスコット。フットボール、バスケットボール、陸上競技と、一つのチームだけを指すんじゃないみたい。もしかしたら学校の売店でも売っていたのかもしれないね。

そしてやっぱりコレクター的なアングラーがいそいそと買いに行ってたりして。ボクなら余裕で買いに行っちゃうね（笑）。

そんなレイザーバック君、実は様々な仕様があって、なかなかのコレクター泣かせ。脳天にラインアイ、お腹とお尻にフックのある2フッカータイプだったり、背中の "A" がペイントされていないタイプだったり、確認出来ただけでもいろいろ。時期やらなにやらで、その時々の体裁なのかもしれない。ボクのはジグみたいな使い方しか望めないけど、脳天アイ・2フッカーだったら、もしかしたらバイブレーションみたいに動いたのかな？ ちょっと羨ましいなあ。

天才度 ★★
B級度 ★★★★
『ところで大学にフィッシング部はなかったのか？』度 ★★★

極太の極意
UNKNOWN FAT W-SWISHER

太っちょダブルスイッシャー（名称不明）

Doucett Bait Co.
［ドゥーセットベイト・カンパニー］
年代不明

　ずいぶんと昔、お腹に"DOUSETT"とだけネームが押してあるダブルスイッシャーを見つけた。これ以上ないくらいの太っちょ。寸づまり感で愛嬌タップリな容姿。ボクのタックルボックスに仲間入りさせようと決心するまで、さほど時間はかからなかった。

　というワケで、今も変わらず我が家に鎮座する太っちょダブルスイッシャー。その後、ドゥーセットのタイニーホークという小さなシングルスイッシャーを台紙つきで手に入れるも、残念ながら他のモデルの情報もなく、相変わらず謎のポジションをキープしている困ったお方。全長50mm×体高25mmと、キッカリ2：1の体躯。う～んとね、オリジナルザラスプークより5mm太いのに、60mmも短い。わかりました？ かえってわかりづらいか（笑）。

　短いということは当然、左右の動きも足は短く、首を振っているのに振ってないように見えるくらい。それでも太っちょのアドバンテージは他にあった。それはベリーショートジャーク。わずか10cmの距離の細かくギュッとつまった、密度の濃いジャークが可能なんですね。こじつけでもなんでもなく、まさにオリジナルザラスプーク一本分ほどの。これは太っちょボディと大きなプロペラが生み出す、強烈なストッピングパワーの成せるワザ。

　この手の丸くて可愛らしいプラグとしては大きいほうだし、今でも十分人気が出そう。女の人が思ってるより、男は1～2割増しが好きだからね。…あ、これはご飯の盛りの話ね、ご飯の盛り（笑）。

天才度 ★★★　B級度 ★★★★★
『マル・マル・モリ・モリみんな釣れるよ』度 ★★★

煌めきのDNA
SUSPENDING
POWER MINNOW
サスペンディング・パワーミノー
Luhr Jensen
[ルーハージェンセン]
2000年代

　"これから内臓プレートの光が激しく明滅します。特に明滅に弱い方はルアーを見続けないようご注意ください"という注意書きがあったかなかったか。…そんなものあるワケないか。

　一部では相当な盛り上がりを見せた、今でも愛されて止まぬトム・スウィワードの天才クランクベイト、スピードトラップ。ありがちな"初期モノのほうがよかった説"はやっぱりここにも存在していて、ついありがちと言ってしまったこのボクも、実は多くのルアーに当てはまると思っている次第。大体がコストダウンや合理化に伴う変更で、となると、ある程度初めのモデルの体を成していればいい。そんなところに落ち着いてしまうのではないかと。もちろん、初期モデルのウィークポイントをなんとか改善・改良しようと頑張ったケースもあるから、そのたびに一喜一憂、右往左往するのも楽しいこと

だけどね（笑）。

　さておき、そんなスピードトラップをストレッチしたかのようなパワーミノー。今回はサスペンドということで、スピードトラップ譲りの薄皮ボディの浮力を…、なんてこととは無縁。それでも三角断面ボディの明滅効果はしっかりと継承する。しかも細身になったぶん、スーパーエクストラハイピッチローリングで明確に分かれた面が高速で入れ替わる様は気絶もの…、じゃなくてサカナでなくともヒットせざるを得ないもの。ペイントの調子がチャカチャカ変わるのはもちろん、プレート入りのキラキラ、メッキのギラギラの明滅はより顕著なものとなる。

　ただね、ボクはゆるいバサーだからやっぱり浮くヤツが欲しいなあ、なんてつい思っちゃう。仕方ない、これは性だから。釣ることはもちろん大事だけど、遊ぶための自分的な"何か"も大事にしたいなあ、とは思ってる。…そんなカッコいいものでもないか（笑）。

天才度 ★★★　B級度 ★★★
『さて、フローティングを探しに行こう』度
★★★★★

単体でもブラグとして完全に成立しているエビ。しっかり泳ぎ、ラトルも入る。そこに "オマケ感" はコンマ1mmもない。

アレも釣り。
コレも釣り。
TSUBO-RIG
つぼリグ

Extreme Aurora

［エクストリーム・オーロラ］
2000年代

異才・小川健太郎さんが放ったのは、文字どおりストラクチャーごとだった。つぼリグ、未だかつてない驚愕のワンルーム物件つきルアー。

沈むつぼにラインを通し、フローティングのエビを結ぶ。ラインを動かすことで着底したつぼからエビが出たり入ったり、バスを誘うチラリズム。一見、シンプルに見えるつぼには入り口付近に脚がついていて、後部には四つのウェイトが分散配置されていたり、着底姿勢を気遣う工夫もバッチリ。可愛らしいエビに至っては、

甲殻類特有の段つきフォルムに出っ張った目。さらには触覚だけに飽き足らず、ファーをもまとうゴージャスな装い（ファーはオプション装着）。さらにさらに、ただの出し入れでも十分なのに、ラトルも入ってプリプリ泳いじゃうという、誘惑魅惑の本気印。

ただね、本気なのは間違いないのに、本質はただ釣るだけじゃないところ。出ようかな？ やめよかな？ どうしようかな？ と、バスとの駆け引きを楽しむためのもの。こんなボクですらそうなんだけど、やっぱり "獲り" にいっちゃう。釣ることに懸命になってしまうんですね。だからつぼリグが現れた時、目を三角にして投げている自分を横目に、サカナ釣りを楽しむ余裕み

エビの鼻先につけるファーには小さなサカナが（笑）。実はこのサカナがついていないタイプもある。

たいなものを突きつけられた気がしたんです。当時、方々で健太郎さんの釣り理論を読むにつけ、勘の鈍いボクは半分も理解出来ていないことが多々あったんですが、そこにこのルアーの提案。度肝を抜かれ、とどめを刺され、まるでメーターオーバーのライギョにシッポビンタを喰らったような衝撃を受けるワケです（笑）。

　もっともつぼリグを楽しむには、なるべくクリアでルアーの見える浅い水深が望ましいし、場所を選ぶのは確か。だけどね、ひとつ忍ばせておいて、優柔不断なエビを凝視するバスと戯れる余裕をたまには持てたらなあ、なんて思う。こんなルアーで"遊ぶ"ことの出来るサカナを相手にしているのであれば、ね。

エクストリームのクマが入ったツボもある。（SPカラー?）これは脚がついていないタイプ。

天才度 ★★★★★
B級度 ★★★★★
『アラバマタワーマンションリグだったら駆け引きどころじゃないね』度 ★

原寸大

80年代終盤、第一次バスブームが頂点に達しようかという頃に現れた我が国のルアーメーカー。現在もトラウト界で名を馳せる同名のメーカーがあるけど、もしかするともしかするのかな？ 全く関係なかったらゴメンなさい。

さて、フォレストといえばズイールが製作を請け負っていたという、当時からまことしやかに囁かれる噂があった。リグラーやワイルドハーツあたりの目やネームスタンプの様子、やっぱりその出自は隠しとおせない。それこそ箱にある"by Wild Heart"のネームは、ズイールの外注向ブランドだったのかもしれない。

ただ、このシングルスイッシャーからはズイールの香りがさほど漂ってこない。小さな離れ目で、ズイールの特長的なネームスタンプもない。ズイール製でもネームなしのものもあったようだけどね。それに鋭角的に後部へしぼるリグラーを逆にしても、このカタチにはならない。なんというか、ドロンとしたダルなボディライン。ほぼ水平に浮き、そしておそらく左右の動きはあまり考えになかったかのようなアクション。抑揚に欠ける眠たいカラーリングも手伝って、ズイールらしさが見えてこないんですね。見る人が見れば、どこかにズイール印があるのかもしれないけれど。

それでもボクが手にした理由はシンプルかつ抽象的。捨ておけない"何か"があったからだ。主張しすぎない、それでいて放っておけないたたずまいなのか、それとも隠された真のオーラにほだされたのだろうか。

凡庸という名の個性
UNKNOW SWISHER
シングルスイッシャー（名称不明）
Forest ［フォレスト］90年代

天才度 ★　B級度 ★★★
『箱と中身が違っていたらどうしよう？』度
★★★

もしも売れ筋の強力なバイブレーションを、カウントダウンでもカーブフォールでもなくダイビングで使えたなら、と思ったのか。それとも単にちょい足しアレンジで、シャッドをラインナップに加えたかったのか。奇しくもバイブレーション二大巨頭のリファイン方法がこれほどまでに一致するとは、一体どこの誰が予想出来たであろうか。

まずは東の横綱、コットンコーデル・ロングビルスポット。フローティングボディにリップを追加してダイバーの体裁をとるんですが、やはりそこは元バイブレーション。ジャラジャララトルにピッチの短いタイトな泳ぎ。それでいて浮力も十分とくれば、前者の踏襲系統か。文字通りおでこからツライチでリップが伸び、正常進化の跡が垣間見える。

そして西の横綱、ビルルイス・ダイビングラトルトラップ。こちらはフローターとシンカーを用意。顎下に通常のシャッドのごとくリップをつけるのはまだいいとして、特筆すべきはリップの先端が堤防のように囲まれていること。これはおそらく水噛み重視の意匠で、バイブレーションとは明らかに違うシャッドライクなウォブリングアクション。加えてフローターはライトなラトル音のスローフローティングとくれば、こちらは後者のシャッドラインナップ追加が目的か。気になるのはラインアイがリップ一体のプラスチック。工程優先っぽいけど、少々不安を覚える体裁…。

というワケで、おそらく狙いが全く違う両者。ベクトルは違えど、リップを追加する方法論は一致という、なんとも相似的な面白いライバル関係。ああ、念のため言っておきますね、根拠もなければ確証もない、いつものあらぬ妄想でございますよ。

細工された売れ筋ボディ
LONGBILL SPOT
ロングビルスポット
Cotton Cordell
[コットンコーデル] 80年代半ば〜90年代

DIVING RAT-L-TRAP
ダイビングラトルトラップ
Bill Lewis Lures
[ビルルイス・ルアーズ] 80年代半ば〜90年代

天才度 ★★　B級度 ★★★★★
『お互いどう思っているのか』度 ★★★★

ところがこのダイビングラトルトラップには、リップ先端に"堤防"がついていない。そして脱皮直後の柔らかそうなクロウカラーなのに、メッキのリップをチョイスするのも面白い。ちなみに今回のものはどちらもフローター。

さあ、試しに
思いっきり引いてみろ！
GURGLING-JOE
ガーグリングジョー
North American Production Co.
[ノースアメリカンプロダクション・カンパニー] 40年代

ボエーッ！という感じで大きな口を下に伸ばし、つられて目も伸びちゃってる。オマケに猿顔だっていうんだから。ノースアメリカンプロダクションのコミカル成分大三元、ガーグリングジョー。

ただね、コミカルだけじゃないハイセンスな部分もなかなかどうして。実はこのプラグ、プラスティックの無垢ボディ。したがって当然沈むんですが、ボディを貫く水流を意識した四つの穴が実にカッコいい。クリアボディの穴の内壁に色をつけてストライプを内包するという、なんと

も洒落た前衛的カラーリング。ボディ体裁をフルに活かした見事なセンスがコミカルな部分と相まって、ガーグリングジョーを唯一無二の存在にのし上げているワケです。肝心のアクションも、水中でフラフラと弱々しく身体を振る様は実に効きそうな上級スイム。そう、穴ボコ効果を思えばその使い方は自然といえば自然。

でもボクはこのプラグの本分は速引きでのトップウォーター、つまりノイジー使いなんじゃないかと思ってる。チャパチャパと水面を震わせ

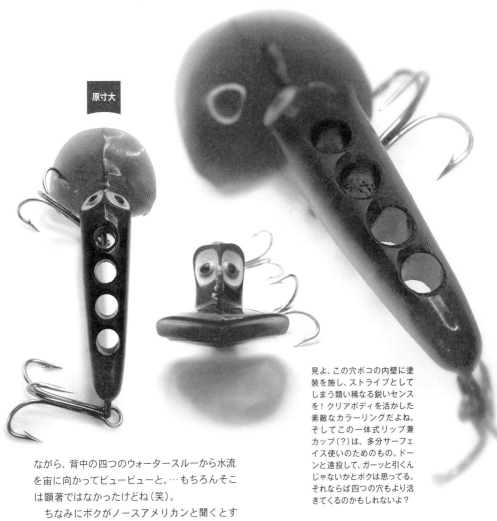

原寸大

見よ、この穴ボコの内壁に塗装を施し、ストライプとしてしまう類い稀なる鋭いセンスを！クリアボディを活かした素敵なカラーリングだよね。そしてこの一体式リップ兼カップ（?）は、多分サーフェイス使いのためのもの。ドーンと遠投して、ガーッと引くんじゃないかとボクは思ってる。それならば四つの穴もより活きてくるのかもしれないよ？

ながら、背中の四つのウォータースルーから水流を宙に向かってビュービューと。…もちろんそこは顕著ではなかったけどね（笑）。

　ちなみにボクがノースアメリカンと聞くとすぐ思い浮かぶのは軍用機メーカーなんですが、ええ、なんの関係もないです。関係ないんですけど、使い方的に勢いよく離陸するイメージで水面に出してあげればいいんじゃないかな、なんて思っちゃったりして。ええ、ただのイメージトレーニングですよ、ただのね（笑）。

天才度 ★★★★★
B級度 ★★★★
『バックラッシュは出来ないぞ』度
★★★★★

原寸大

　巷でなかなかの人気を誇るジッタースティック。古くから存在する由緒正しいノイジーバリエーションなんだけど、ヒロ内藤さんがその芸達者ぶりを紹介してから、一気に火がついたように思う。そんなジッタースティックより遡ることはるか前。やはり存在していたカップ＋ロングボディ＋プロペラ。クリームの欲張り全部のせノイジー、マッド・ダッド。

　このクリームというメーカー。どうもフレッドアーボガストの影がちらついてならない。塗りや雰囲気は近いような気がするし、ドゥーダッドとウィードレスジッターバグなんか、フック1本と2本、ウィードレスワイヤーの有無の違いはあれど、もう見た目ソックリ。カップの刻印もオハイオのアクロンと共通しているし、これはどう見ても無関係じゃないなと思った。

　ところが昔、特許関係でフレッドアーボガストはクリームを訴えていたことが判明。何のどこ

なのかはわからないけど、少なくともこの時点では協力関係じゃなかったのかな、と。となるとだ。ずいぶんと後発になるジッタースティックは、もしかするとこの全部のせノイジーに対するリベンジだった可能性もある。もちろん全て憶測だし、なんの根拠もなし。言ってしまえば同じく古参のダルトンツイストだって全部のせなんだから。そうそう、ダルトンツイストといえばマッド・ダッド同様、お腹を平らにして直進性をスポイルする方向のボディワーク。これ、左右にうねるアクションならば理に適った処理なんですね。いずれにしろこのあたりの仁義なき戦いに、ボクら日夜、右往左往しているワケでございます。

天才度 ★★★　　B級度 ★★
『ひょっとすると、
昔は仲よかった可能性もあるよね？』度
★★★

水面上の仁義なき戦い
MAD-DAD
マッド・ダッド
Creme Lure Co.
[クリームルアー・カンパニー] 60年代～70年代

そびえる背ビレはアイデンティティ、何人にも譲るワケにはいくまい。これこそがラトルトラップからの伝統を背ビレとともに背負い続けるビルルイスの証。…だったんだけどね、残念ながら新しいコイツは伝統を継承せず。もちろん縛られすぎはよくないことかもしれない。でも、大事にしなきゃいけない部分もあると、保守的なボクはつい思っちゃったりして（笑）。

そんな新しいビルルイスの意欲的で奇傑なトップウォータープラグ、スタッターステップ4.0。ボクが買ったのは5/8ozのベストサイズ。その上の1ozはちょっと持て余す予感がしてね。さて、見てくれに相反するかのように、老若男女、楽にターンを刻める反応のよさ。その角度、実に180度近く。その際のテイル付近のサウンドも派手すぎず、実にナチュラルな感じ。おそらくひとところで数多くアクションさせられることから、スタッターステップの名が選ばれたんだろうなあ。そしてひとたびリトリーブを始めれば、やはりキモとなるテイルが力を発揮。ボディを左右に振り、水面をウェイキングしながらやってくる。逆おにぎり型のボディ断面のおかげかもしれないし、よく見ればキモのテイルにはちゃんと気室を設けてあるし、これはよく考えられているなあ、と思う。

ボク的に惜しいと感じるのは、やはり3Dアイであるところ。これはもうね、好みだから仕方ない。どうしても表情が画一的になるんだよなあ。もちろん工業製品としては正解なんだろうけど、先の伝統の話も含めると複雑な気持ちになるのも事実。こんなに面白いプラグなのに、何かこう、ちょっと冷たい感じがしちゃうのは気のせいかな。

特異なカタチは秀でた証
STUTTER STEP 4.0
スタッターステップ4.0
Bill Lewis Lures
［ビルルイス・ルアーズ］
2023年現在

天才度 ★★★★★
B級度 ★★★★
『可愛らしさも
持っているだけに
実に惜しい』度
★★★★★

FMジェットストリーム
アタック

FM
Jet Stream Attack

D：こんばんは！ 今宵もFMジェットストリームアタックのお時間がやってまいりました。司会は毎度ワタクシDabと…

ク：こんばんはー、今日も元気いっぱい、アシスタントのアドニス・クラッパーです！

D：今日はね、"なんでこんなものウチにあるのシリーズ"をやろうと思って。

ク：いいね〜、Dabさんとこ変なものありそうだもんね。

D：そうそう、クラッパーがいるくらいだからなあ。

ク：ちょっとー、いきなり失礼発言！

D：まあまあ、とにかくこれ見てみてよ。

ク：何これ？ なんか黒いものがいっぱい。

D：これはね、ラバージグに使うY字ガードっていうものなんだ。

ク：えーっ、Dabさんラバージグやるの？

ク：恥ずかしながら拾ったラバージグで2本釣っただけ。でも釣れるよね、アレ。

ク：やっぱりそんなことだろうと思ったよ（笑）。でもそれなら、なおさらどうしてこんなの持ってるの？

D：実はこれでシングルフックのウィードレスプラグを作れるかな、と思ってつい買っちゃったんだ。

ク：そうなんだ。それでウィードレスプラグはどうだったの？

D：これ、開けてない。

ク：なるほどね。次いってみようか。

D：これはベルトに通してガンマンみたいにロッドを腰にさせるヤツ。

ク：ずいぶんクラシックなスタイルね。

D：もちろんそこから抜き撃ちするワケじゃなくてね。でも、ルアーをつけ替えたりする時に、ちょっとロッドを腰にさせたりすると便利じゃない？

ク：確かに便利そう！ それで使い心地はどんな感じだったの？

D：まださしたことない。

ク：… 次、いってみましょう。

D：次はアブガルシアのメンテナンスツールキット、とでも言うのかな。

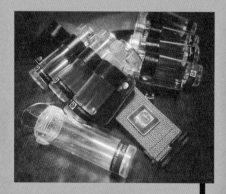

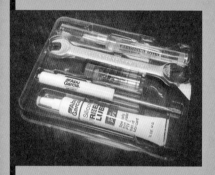

ク：あー、これはカッコいいね！ オイルやドライバー、それにレベルワインドの爪やネジも入ってる!!

D：結局、リールに付属してる小さなレンチで全てこと足りちゃうんだよね。リールごとについてくるし、オイルにしたって同じワケだしさ。

ク：確かにリールについてくるレンチもオイルもどんどん貯まっていくもんね。

D：だろう？ だからほっぽらかしてある。

ク：次いこう！ 次!!

D：こっちはまさにガンマンベルト。腰に巻いて、クリアケースにひとつひとつルアーを入れて持ち歩くみたい。でも多分、カラカラ鳴って騒がしいだろうね。

ク：これはもうクリント・イーストウッドの世界だね！

D：クラッパーは西部劇、観るの？

ク：た、たまにね。たまに観たくなっちゃうんだよね。

D：そうなんだ、意外だなあ。じゃあ試しにちょっとこの中に入ってみる？ あ、クラッパーには無理そうか。

ク：なにそれ、そんなことないよ！ こう見えても着痩せするタイプなんだから。

ク：いや〜、見るからに入りそうにないって。

ク：そんなことないってば！ 羽根をこうすれば、ほら、ほら…

D：というワケで今宵もあっという間にお時間が来てしまいました。お送りしたのはワタクシDabと…

ク：ちょ、ちょっと待ってよ！ あと少しで入りそうなんだから〜!!

D：それではまたお会いしましょう、See you Next B列！（笑）

カエルの顎を赤くしないセンス

CRIPPLED KILLER

クリップルドキラー

Philips

[フィリップス]
60年代〜80年代

顔を見せたくてこんなアングルになってしまったけど、普通のトリプルフックで2フッカーです。悪しからず。

Phillips Crippled Killer
SERIES 1000—FLOATER—APPROX. WT 1/2 OZ.
Manufactured By
PHILLIPS FLY & TACKLE CO.   Pattern
Alexandria, Penna.   1009

　ペンシルバニア発、老舗フライ屋ゲインズのルアー部門を担うフィリップスの看板選手、クリップルドキラー。同グループは短いポッパーのボディを流用し、豊富なバリエーションを構築するのが得意。例えばクリップルドキラーの小サイズも例に漏れず、ポッパーのボディを前後つなげたもの。そんな中、今回の1/2ozの大サイズはおそらく専用ボディ。フィリップスとしては大きい部類だから流用が利かず、わざわざ作らなくてはいけなかったんだろうね。その甲斐あってか、まるで当時のフラッグシップ的なポジションを思わせる抜群の雰囲気の持ち主。

　濃く広めの黒い隈取りはフィリップスならではのあしらい。そしてクリップルドの名のとおり、弱ったサカナを演出するための横倒しの塗り。往々にしてフロッグカラーの口元は赤くしがちなんだけど、そこを濃いめの黄色に吹くセンス。そもそも黄色系のボディだから吹かなくてもい

いレベルなのに、このフィリップスの口の表現、ボクはたまらなく好き。みんな何やっちゃってるの、カエルってホントはこんなだよ？ みたいなこと言ってそうじゃない？（笑）

　さて、クリップルド大。ほぼ水平浮きで、あまり首振りは得意でないものの、推奨のジャークではボルルルッ、といい音を立ててくれる。プレーンなれどあまり見たことのない水受けのよさそうなプロペラを持ち、これが本国製らしからぬ前後逆回転。何やっちゃってるの、横倒しボディなら同回転で明滅効果が期待大なのに…。

　でもさ、自分の気に入った、気になったルアーを持って、あまり難しく考えずに繰り返す放物線。これもまたバスフィッシングの醍醐味だよね。

天才度 ★★　B級度 ★★★★
『じゃあ、カエルなのに横倒しって…、
とか言わないように』度 ★★★★★

100

　時代は昭和、一大ブームを巻き起こしたモーラっていう細いモケモケのオモチャがあってね。鼻先にラインがついていて、これをうまく操ると生命を与えられるがごとく、途端に生き生きと動きだす。指と指の間を交互にすり抜け、ピタッと止めてみたりとかね。それが杭と杭の間だったら？ ハスの葉の際でピタッと止めてみたら？ そんなモーラと同じ具合に、生かされる屍とはまさにオレたちのこと、ワトソンズ・ラッツ。

　水に浸かってたたずむ姿はそう、まんま屍。チャートはまだしも真ん中の極悪ヘアのヤツなんかは、思わずヒッ！と声を上げちゃうくらいリアルなワケです。さらにひとたびラインを操ると、モーラのはるか上をいく生命感をもってサカナを誘惑し始める。芯はウッドなのかなあ。顔のあたりは器用に毛を固めてネズミらしさを出し、身体やシッポは柔らかく毛を生やす。クイッと首を振ればウニョウニョと艶めかしく誘うことも出来るし、こんな造りなのにまあよく動くこと。個体差の出そうな体裁だけど、"よく水に浸してから使ってね"なんていう注意書きや、がまかつフック使用を高らかに謳うあたり、実はよく練られたネズミなのかもしれないね。

　ただし、実はまあまあな価格設定が祟ってか、当時はそれほど出回らなかった。ところがのちにその力に魅せられたデカバスハンターたちの熱い視線を受け、今も一部で密かな人気者となっているのも事実。我が国ではフォロワーも現れたことから、その実力も窺い知れるというもの。

　さて、写真の真ん中・下はおそらくミニラット。これでも3/4ozはあるんだけど、さらにこの上のサイズがいたはず。そして本国では同じ手法で造られたアヒルもラインナップ。いつか手にしてみたい気もするけど、ちょっと怖いような気もする（笑）。こちらは幸か不幸か喜ぶべきか嘆くべきか、未だ出くわしておらず。さあ、いずれにしろモケモケな屍に生を吹き込むのはボクらの使命。心して操ってまいりましょう。

オレの屍を操っていけ
MINI WRAT & MICRO-MINI WRAT

ミニラット & マイクロミニラット
Watson's Wrats
［ワトソンズ・ラッツ］2000年代

天才度 ★★★★　B級度 ★★★★
『なんとモーラの方は未だ販売中』度
★★★★★

誰もが敬する偉大な神様、リック・クラン。歳を重ねても勝利し、今なお第一線に立ち続けるトッププロ。これまでも数々のルアーを手がけてきたし、まだまだ続けていくんだと思う。そんなリック・クランの才気がオーバーフロー寸前なクランクベイト、オリオン。

動き、視覚的要素。どうもバスの側線は予想をはるかに越える獲物のイメージをつかめるらしい。それをハイドロ・ダイナミック・イメージングと呼ぶとのこと。そこで流体力学エンジニアと協力し開発したのが、強化乱流と圧力場を発生するエンハンスド・ターゲット・イメージ。すなわちETI（溝）というワケ。おそろしくざっくりな説明だから、興味が湧いた人はいろいろ調べてみてね。そして噛み砕いてやさしくボクに説明してください（笑）。

さて、難しい理論と装置の賜物、オリオンは、ウォブリング主体のアピール度高めな泳ぎ。規則正しくコトコト音を刻むラトルもうまくリンクしていると思う。そして大サイズも小サイズも同様の泳ぎを実現しているのは、方向性がガッチリ定まっているからだろうなあ。そうそう、よくウォブリングとかローリング、ウォブンロールって言うけど、大体どっちも伴うから、結局ウォブンロールということだよね？ ウォブル強めのウォブンロールとか、ロール強めのウォブンロールとか？ え、ワイドウォブルやタイトウィグルもあるって？ 正直、ボクは説明する時にいつも困ってる（笑）。

冗談という名の本気はさておき、問題は小サイズ三つ。これ、全て別カラー。一見同じように見えるけど、マットだったりグロスだったり、腹オレの有無だったり。さらに背中のカラーは全て違う。この神経質とも思えるカラー管理がリック・クランたるゆえん。やっぱり変態的だ（失礼、褒め言葉です）。

溝の名は
ORION
オリオン
Rick Clunn's ETI
[リック・クランズ ETI]
2000年代

天才度 ★★★★　B級度 ★★★
『実はノンラトルが一つ混ざってる』度
★★★★★

えっ、こんなものにまで！

CEDAR STUMP
セダースタンプ

Cedar Stump Bait Company
［セダースタンプ・ベイトカンパニー］
60年代

セダースタンプ・ベイトカンパニーの稼ぎ頭、売れっ子、看板娘。いや、社名が物語るように、どうやらこれしか作ってないっぽいセダースタンプ。ちょっとクリークチャブ・ウィグルダイバーに似たヘッド形状だけど、大きな目や各部にアールをたたえた形状等、むしろこちらのほうがケレン味溢れる造形。もともとはウッド製のプラグで、後年、今回のプラスティックに変更されることとなる。

そしてお察しのとおり、完全無垢のシンキング・バイブレーション。小さな鈍器と化したボディはもうほとんど鉛なんじゃないかと思うほど。だからえらい勢いで沈むんだけど、泳ぎのほうはバッチリ。細かなバイブレートとその質量で辺りに甘くアピールする。いや、実は正直、買った時はウィグルダイバーだと思ってた（汗）。でもよく見ると先のようにセダースタンプらしさが随所にあって、時が経つにつれ気に入ってしまった次第。ウィグルダイバーはもっとこう、突き放したような無機質な雰囲気だもんね。

さて、問題は後ろにたたずむ薄味バスカラーのお方。なんてこれ、コピーなんです（驚）。ええ、完全なるパチモノ。一体ナゼにセダースタンプ？よりにもよってどうしてローカルな存在のもの

を？ 目はオリジナルより高く盛りあがり、エラの表現もより顕著。正面からの鼻っ面形状は明らかな違いを見せ、若干、鋭角な腹部と後背部のライン。ブランク的に完全に別物なんですね。ただ、両者共にフックは直づけで、つまり製造時にすでに通して組んでいる状態。実はこのセダースタンプ、そういった頑強さがストライパー狙いの釣り人にすこぶる評判がよく、セールス的にもずいぶんと売れたらしい。そして製造終了後も忘れられなくて、コピーという方向で復活を望んだ人がいっぱいいたのかもしれない。でないとさ、フック直づけまで踏襲しないと思うんだよね。そこは譲れない部分だったんだろうな、望んでいた多くの人たちにとって。

天才度 ★★　B級度 ★★★★
『そのチョイスは必然だったんだね』度
★★★★★

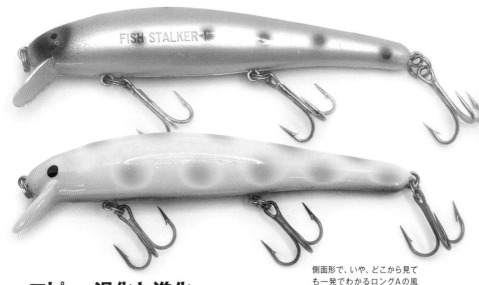

コピー、退化と進化
FISH STALKER-1
フィッシュストーカー1
Ray's Tackle Inc. / Grapentin Specialties Inc.
[レイズタックル・インク／グレイペンティン・スペシャリティーズ・インク] 年代不明

側面形で、いや、どこから見ても一発でわかるロングAの風味。似てるものを安く買わせたいのか、間違えて手に取らせたいのか、開発費を浮かせたいのか。…その全部か（笑）。

　賢明な皆さんはよく見たら、いや、よく見なくても一瞬でボーマーの歴史的名作、ロングAのコピーだとおわかりになったかと思います。フィッシュストーカー、出自の不明なヤツ。

　実はこれ、メーカーかブランド違いなのか、異性同名。ピンクドットがレイズタックル・インク、グリーンドットがグレイペンティン・スペシャリティーズ・インク（以下GSI）のもの。どちらもボディの同じ位置に"FISH STALKER-1"のネームが入っていることから、同一の流用ブランクなのは間違いなさそう。ただ、GSIのものはずいぶ

ん金型がくたびれているのと、盛りの激しいコーティングも手伝ってか、ネームを読み取るのが大変なくらいモールドが甘い。そしてパッケージの体裁や雰囲気を合わせて考えると、レイズタックルのほうが先だったと想像します。

　ただ、これまた微妙な仕様の違いがあったりして、例えばレイズタックルのほうは、ボディの前後を行ったり来たりする中程度のラトルなのに対し、GSIはフロントフックあたりに留まる複数の小ラトル。そして入手時には気づかなかった大きなリファインとして、GSIのものはリップ

縦並びじゃわかりづらいか
もしれないけど、下のGSI
のほうがリップが長い。こ
れ、レイアウトがよくない
ね（苦笑）。

キャッチモアのブランドマークが入ってるので
そう呼びたいところだけど、裏にはGSIとしっ
かりメーカー名が。よくわからんのです（困）。

が延長（！）されているということ。先のとおり、
とにかくトップコートがぶ厚いから、そのせいで
リップもボリュームアップしていてすぐにはわか
らなかった変更点。当然、泳ぎも変わってくる
ワケで、ロングAを基準にすると、レイズタック
ルは蹴り出しが弱くやや地味。GSIはやはり重
厚感のある引き味（ずいぶんざっくりだね。笑）。

　あ、あと、引っかかるのはどちらもミシガンの
ご近所さんという、偶然にしては出来すぎな共
通点。もしかすると、どっちかがどうなったか、
どっちかがどうしたか、だよなあ。

天才度 ★　B級度 ★★★★★
『フィッシュストーカー・シリーズは
モデルAタイプもアリ』度 ★★★★★

ヒールキックのテクニシャン
TAIL BACK
テイルバック

Norman Lures
[ノーマン・ルアーズ]
90年代

原寸大

誰もが二度見し、いやおうなしに興味を惹かれてしまう、水面を駆け抜ける5大リーグの天才ファンタジスタ、テイルバック選手。えっ、5大ってどこだって？ヘドンでしょ、フレッドアーボガストでしょ、ボーマーにコットンコーデル、レーベル、それからノーマン。…それ、6大だよ（笑）。しかしノーマンはもんのすごくストイックなルアーと、もんのすごくヘンテコリンなルアーと、その振り巾が大きくてとまどってしまうよね。

そんなテイルバック、やっぱりボクも気になってしまった強烈な傾奇者。テイルのティンセルのせいか、着水からワンテンポおいてお尻を下に立ち浮きに移行。そして水面から出ているカップの上半分で水面をたたくタイプ。しかし、使っているうちによく見てみると、実はカプッとやると同時に特徴的なテイルが水を蹴り上げ、頭を越えてピチャッと飛ばす。ヒールキックで

前方にシュートするワケですよ。しかも華麗に。もしかして、もしかしてですよ？ポップRに対するノーマンの答えがこの異形のテイルバックだとしたら…。

さらに驚くべきは、逆スラントの角度のキツい、かつ浅いカップのおかげで、タダ引き時にはなんと水面ドリブル、じゃなくてノイジーアクションを見せる。線で駆け抜けることも出来る業師なんですね、ひょっとするとこれは副次的なものかもしれないけど。いや、必然足り得ない偶然なし。起用なヤツは見ていて気持ちがいい。それに見た目はポップRに勝ってるよ。あくまでセリエBのボク見立てだけど（笑）。

天才度 ★★★★★　B級度 ★★★★★
『ノーマンのダズルは例によってぶ厚い。
使いわけが出来るかも』度
★★★

　古くから我が国のルアーフィッシングを支えてきたコーモラン。舶来ものが偉かった時代から彼らは彼らのやり方で勝負してきた。小さなエサ釣り屋さんでも扱うほどの安価な価格設定は、常に小さなボクらの味方だったなあ。そんなコーモランの必殺技といえば、アレンジ大作戦。舶来のネタ元をそのまま…、ということもあったけど、そこから独自の解釈を加え、あさっての方向へと昇華（？）させる。これがアレンジ大作戦の全貌。

　このブズブズもね、元はと言えばハリソンのスピナーベイトが原型。もう少しピンとくる言い方をすると、ハリソン・ウォーターデモン型のヘッドを持つスピナーベイトをコピー。それがコーモのバスファイター。さらにワイヤーの取り回しやブレードをバズペラに変更し、ブズブズが誕生したというワケ。なんだ、一旦はそのまんまコピーじゃん、と言われればそれまでだけど。でもね、そこからブズブズまで発展させたのは、バズベイトが効くと知るや否

バスファイター。ビッグウィローとコロラドのタンデムブレードは本気印。最初期はシングルコロラド。

や、手持ちのモデルを熱意とスピード感を持って即アレンジに踏み切った、コーモランのド根性があったればこそですよ。

　ちなみにアクションのほうはというと、二重反転バズペラを持ってしてもこのヘッドの大きさはいかんともし難く、バジングにはある程度のリトリーブ・スピードが必要。それでも立派にブズブズ音を立てるし、バズベイトとしての体裁は十分保っている。表情に乏しいワイヤーベイトとしては稀有な存在。愛嬌タップリ。

天才度 ★★　B級度 ★★★★★
『実は結構長寿で、
シリコンラバーモデルは後期もの』度
★★★★★

原寸大

ブズブズブズブズ…
BUZZBUZZ
ブズブズ

Cormoran Products
［コーモラン・プロダクト］
80年代～2000年代

偉大なるフォーマットの下で
OZARK DOG
オザークドッグ
Ozark Mountain
［オザークマウンテン］
90年代

原寸大

ビー玉アイが燦然と輝くこのお方。その筋には地味に人気なオザークマウンテン謹製、どこかで見たようなボディと、どこかで見たような体裁、オザークドッグ。急速潜航する水平に近い大きなリップ。抑揚を持つ細長いボディ。テイルの小さなスピナーは、口から漏れた空気が身体から離れる様をキラキラと表現する。そう、息を吐いて、また呼吸に水面に戻って。ストップ&ゴーでその様子を演じる完全なるこのフォーマットは…。

そう、そこのアナタ、正解！ ヘルベンダーやウォータードッグと同じ属性で、ネーミングか

らもその香りがプンプン匂ってくるのはイモリ。まず、自社のウッドウォーカーをイモリに見立てる目のつけどころが憎い。厳密に言うと体長はそのままで、気持ちスリムになるように、いつもより少し刃を押しつけたボディシェイプ。そこには両生類のニョロに少しでも近づけたい思惑がひしひしと見える。

面白いのは、ウッドウォーカーは2サイズあるのにオザークドッグは大サイズのみなんですね。したがってこの手のダイバーとしてはなかなかの迫力。ウッドウォーカー小のサイズがあれば、みんなもっともっととっつきやすかったとボクは思うんだけどなあ…。

あと一つリクエストが出来たのなら、昔のヘルベンダーみたいにエラが塗ってあったらよかったかも。ウッドウォーカーのイメージから離れられたし、オザークドッグとしての存在感もモリモリ増しただろうしね。

天才度 ★★　B級度 ★★★★★
『書いてて思ったけど、
テイルスピナーはそうだったのか』度 ★★★

108

手裏剣打ちの裏ツィンクル
TWINKLE RALPH
ツィンクル・ラルフ
Tacklehouse
［タックルハウス］
90年代

　老舗、大人、先駆者。ボクのタックルハウスのイメージ。川に海に、止水域だけに留まらず、革命的とも言える重心移動システムを生み出す等、常にチャレンジし続ける名門メーカー。バルサ50・ブラウニー VS タックルハウス・ツィンクルという当時の図式のイメージが今も強く残ってる。実はボクがボートシーバスをやっていた頃のメインルアーはK-TENブルーオーシャン。最盛期、数十本持っていたのはここだけの秘密。自身のレコードもブルーオーシャンで、皆が画一的な方向へ行ってしまう中、表情豊かな顔つきが大好きだったなあ。今もお気に入りは残してあるからね。

　いけね、また脱線してしまったけど、そんなタックルハウスがツィンクル・ファミリーとして送り出した異端中の異端、ラルフ。ツィンクルをアレンジしたシングルスイッシャーの特徴は、なんと言ってもこの手裏剣ペラ。通常の2枚ペラに比べ、厚手の3枚刃が生み出す泡やサウンドは密度的に1.5倍。いや、これは冗談じゃなくて本当の本当。同じような細身のシングルスイッシャーで、同じような距離をジャークしてみるとよくわかる。さらに手裏剣ペラを留めているクギに合わせて、特異な極小のリングをセレクトするあたりはタックルハウスの真骨頂。いやがおうにも手を出さざるを得ない、アドバンスメント＆ハイクォリティ。

天才度 ★★★★
B級度 ★★
『他が追従しなかったのは、
ナゼだったのか』度 ★★★★

好きこそものの、
好きにやれ

ROCKY STRIKER
ロッキーストライカー
B&B Bait. Co
［B&Bベイトコーポレイション］年代不明

　B&Bベイトコーポレイションというところの、ボディ長50mmほどの可愛らしいウッド製トップウォータープラグ。ちょっと調べてみたら、同名のメーカーが1940年代にはフロリダに存在していたことが判明。ただ、こちらはインディアナ発で、体裁的には古くても1960年代あたりと見るのが妥当かと。もしかしたら引っ越したのかもしれないし、誰かが引き継いだのかもしれないし、同名他社の赤の他人なのかもしれない。ここらへんはいつものように力不足でよくわからなかったんですね。ゴメンなさい。

　さて、水の上の珠玉、ロッキーストライカー。

名前もカッコよければ装いもカッコいい。四角い木材の四隅を落としつつ、お尻に向かって軽くテーパーをつけ、頭をグリグリ凹ませてカップ状に。やっていることはシンプル。もちろん、ここに行きつくまで試行錯誤を重ねたんだろうけどね。で、さらにカッコよさを際立たせるいい仕事ラッシュ。まず、前後をグルッと赤にしたカラーリングは至極シンプルながら、2色のラメで目を表現する驚愕のセンス。お腹にもラメを散らしてアピール度を高めれば、湾曲したクリアピンクのプラ板でダメ押し。そしてとどめは、テイルフェザーの巻き部分にもラメでございますよ！

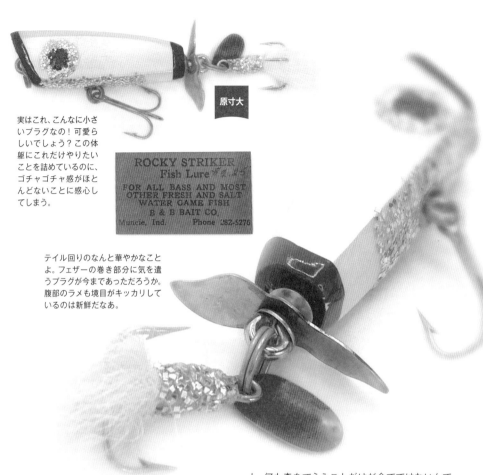

原寸大

ROCKY STRIKER
Fish Lure ロッキー
FOR ALL BASS AND MOST
OTHER FRESH AND SALT
WATER GAME FISH
B & B BAIT CO.
Muncie, Ind.   Phone 282-5275

実はこれ、こんなに小さいプラグなの！可愛らしいでしょう？この体躯にこれだけやりたいことを詰めているのに、ゴチャゴチャ感がほとんどないことに感心してしまう。

テイル回りのなんと華やかなことよ。フェザーの巻き部分に気を遣うプラグが今まであっただろうか。腹部のラメも境目がキッカリしているのは新鮮だなあ。

これ、立ち浮き姿勢ならではの、底に向かって下がるテイルを思えばこそのこだわりのあしらいなのではないかと。プロペラももちろんのこと、この小さな体躯にはたくさんの"釣りたい"が詰まってる。それでいてゴチャゴチャ感はそれほどでもないことへの驚き。送り手のセンスもあるんだろうけど、なんだろう、疾走感でうるささを置き去りにした、とでも言えばいいのか。

そんなヤツを見るにつけボクが思うのは、みんなもっと好きにやったらいいんじゃないかな、

と。何も奇をてらうことだけが全てではないんです。ただ、生み出す側が右にならえはあまりにもったいない。まずは気の向くまま、思いのままやってみたらいいのに。知らず知らずのうちに自ら課している縛りをほんの少しでもゆるめてみたら、囲いの中で違いを出さねばならぬ苦悩から抜け出せるのかもしれんのですよ。

天才度 ★★★★★　B級度 ★★★★
『これは多分、そんなことすら
考えていないのかもね』度 ★★★★★

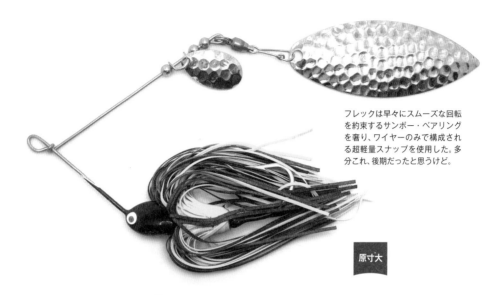

フレックは早々にスムーズな回転を約束するサンポー・ベアリングを奢り、ワイヤーのみで構成される超軽量スナップを使用した。多分これ、後期だったと思うけど。

原寸大

モダンスピナーベイトの先駆け

WEED WADER
ウィードウェーダー

Fleck Lure. Co ［フレック・ルアーコーポレイション］70年代半ば～80年代

むかし、むかし。色とりどりのウキみたいなものでサカナを釣る、という遊びが流行り始めてね。ザリガニ釣りすら大騒ぎの子供たちだ。あっというまにみんなその横文字だらけのお洒落な釣りに夢中になったのさ。しばらくして、浮く、沈む、潜る、音が出る、そのルアーとやらを理解しはじめ、手探りながら子供たちなりに考えを巡らせ遊んでいたんだ。そこに突然、なんの前ぶれもなく現れたのが、針金にゴミくずが絡まったようなスピナーベイトとかいう変なヤツさ。やっとルアーを理解し始めたところなのに、新たな難題の登場に子供たちは大いに戸惑った。まず、どう

見たって釣れる気がしない。どうしてキラキラするほうに針はないのか。そもそもどうやって使うのか。お店の人すら皆目見当もつかない。そこでまた子供たちの試行錯誤が始まったのさ…。

ざっとこれが80年代初め。決してオーバーな話じゃなくてね。もちろんそれ以前にもスピナーベイトはあった。ただ、この頃からだんだんと使い方や釣れることがわかると、プラグに比べて安価、ロストのしにくさも拍車をかけ、ほどなく市民権を獲得。そのさなか颯爽と現れたのは、明らかに従来のものと一線を画すフレック・ウィードウェーダー。先行のスピナーベイト群を

トレイラーフックなる概念をボクが学んだのもフレック。また、本体の姿勢をキープしたまま落とせる、バーチカル専用シングルブレードの、フォーリングスターなるモデルもあった。こちらはウィードウェーダー人気爆発後、しばらくしての紹介。

クラシックのウイニング＆上位ルアーとなること数度。それでも我が国に紹介されたのは先のとおり80年代初めだから、代理店の人たちもまずはいかにバスフィッシングを浸透させるかで精一杯。華やかなプラグに比べてスピナーベイトの優先順位はまだまだ低かったんじゃないかなと。

　そうそう、さらにほどなくシュープリームという、うり二つなスピナーベイトが登場するんだけど、どうもこれ、設立者ロビンソンさんの独立が真相。ただ、根っこは同じという事実にもかかわらず依然先行者のインパクトは強く、フレック人気はおさまらなかったのであります。というかここだけの話、ボクの中で未だスピナーベイトはフレックという印象が強いのであります。

根こそぎブラッシュアップしたかのような洗練された装い。現在のスピナーベイトのフォーマットたりえる極めて実戦的なそれは、すぐさま人気爆発。スリムな上部＋下ぶくれのヘッドはきっと方向性と安定性を両立させるためのものだろうし、でも、手描きの目は相反するように表情豊かで、スピナーベイトといえばフレックと（仲間内では）言わしめる存在になった。ボードに引っかけるスピナーベイト専用ボックスも現れ、ビッシリ整列させて悦に入る友人がもう憎たらしくてね（笑）。もっともウィードウェーダー自体、すでに70年代半ばには登場していて、バスマスター

天才度 ★★★★　B級度 ★★
『さすがにスカートがボロボロなヤツも』度
★★★★★

新作? 過去からのタイムスリップ?
FLAT WART
フラットワート
Storm Lures
[ストーム・ルアーズ]
90年代

気づいちゃったんだけど、リルタビーやタイニータビーとフラットワートの共通点。それは目がフラットなこと。ストームならまず凹凸つけてるはずだよね。ちなみにラパラ傘下となった2010年代には3Dアイにボディモールドを加えたディープラトリンフラットワートが登場している。

もしかしてウィグルワートのサイドをフラットにしたらものすごいことになるんじゃないか。そうだなあ、じゃあやってみようか。…てな会話が交わされたどうか定かではありませんが(笑)、事実、フラットワートはボクらの前に現れた。やっぱりウィグルワート直系の派手なウォブリングで、左右にグイグイ水を押しのける様は成功しているように見える。それに伴い、対照的に体高を増したシャッドライクな側面形は、まるでひと世代垢抜けたかのよう。なのにストーム伝統のストームらしいナイスカラーリングなんだから、既存のファンも大喜び、なんて思っていたんです。

ところが、実はリルタビーやタイニータビーのあのタビータックルから、"グッドバディ"という名の全く同じクランクベイトがすでに発売されていたんですね。塗りも何もかも全く同じストームクオリティ。違うのはネームとパッ

ケージだけ。タビータックルは前述のとおりストームのセカンドブランドで、ストーム一本化になったのは80年代前半。フラットワートが登場したのは90年代。おそらく中盤以降だったと思うけど、いずれにしてもタビータックル消滅以降なのは間違いない。したがってストームが過去の遺産であるグッドバディを引っ張り出したと言えるんですね。そんなこととはつゆ知らず、ボクはてっきりストームが新規に開発したものとばかり…。

もちろんフラットサイドクランク・ブームはまだ先の話だけど、もしかしたらいち早く意識したものだった可能性もある。先取りストームのさらに先取りだね、タビータックルは。

天才度 ★★★　B級度 ★★★★
『ナゼ、ホットタイガーだけサスペンド?』度
★★★★★

紆余曲折を経て、ピコは今も健在。ピコポッパーやバイブレーションのピコパーチ、ダブルスイッシャーのピコスラッシャー等、老舗らしくひととおりタレントは揃っている。その中でもボクがどうしても欲しかったのは、弱ったサカナの死に際を永遠に演じ続けるという、残酷極まりないこちらの要求を見事にこなす、サイドシャッド。なんていうと恐ろし気な感じだけど、実際はつぶらな瞳とシンプルで愛らしいボディラインの、ボク的アイドル級プラグ。

というのも昔、バスフィッシングの本の中でしか見たことなかったんですね。都内はもちろんのこと近県方々、子供ながら行ける限りのいろいろなショップを精力的に回り、それでもついに出会えなかったサイドシャッド。というワケでこの個体は大人になってから手に入れたものなんだけど、なんとあの本と同じカラーだったんです。

これぞ神秘の天秤。

さて、ボクがサイドシャッドを気に入ってる理由は、ボディ上辺と下辺のラインをわずかに変え、ちゃんとサカナの背と腹の区別をつけているこだわりのカタチ。さらにいえば、身体の厚みも背と腹で違う。これはね、普通に縦使いしてもおかしくないくらいのボディなんです。…ハッ、もしかしたら縦でうまくいかなかったから横倒しにした、なんてね（笑）。そんな非対称のボディは、ラインアイや腹部のリグすらセンターについていない。それでもボクの心配をよそに、なんの問題もなく左右に身体を振る。細かいロッドワークを駆使することで、弱ったサカナが水面でピピピッとする様子をプロペラを使って表現することも出来る。そして驚くべきは、今も入手が可能なところ。これは喜ばしいことだけど、ちょっとだけ複雑。ちょっとだけだよ（笑）。

死に際の刹那よ、永遠に
SIDE SHAD
サイドシャッド
Pico Lures
［ピコ・ルアーズ］
60年代〜2023年現在

原寸大

天才度 ★★★　B級度 ★★★★
『それでもボクにはこのサイドシャッド』度
★★★★★

ナゼか持ってた。キミもボクも。
GLITTER GITTER
グリッターギッター
OB's Tackle Company
[オビーズ・タックル・カンパニー]
80年代～2000年代

原寸大

アウトラインは正直、少々垢抜けない（失礼）。でもつい手に取ってしまうのは、その甘さの持つ雰囲気や、きらびやかに漂うギラギラの誘惑が勝るせいか。グリッターギッター、それなりのスマッシュヒット。

オビーズというとスイッシャーやペンシルベイト、ミノーを擁すスパークプラグ・シリーズよりも、実はこのグリッターギッターのほうが通りはいい。なぜなら当時、代理店がガバッと入れたおかげで、わりと小さな釣具屋さんでも見ることが出来たからね。逆を言うと、スパークプラグ・シリーズは正規のルートがなかったのかもしれない。そんなグリッターギッター、例外なくボクも買ってしまったくち。まあ、この体裁を見ればあたりまえなんだけど、沈んだ時は子供なりにショックを受けた。なんとなくでもわかっていたでしょ？　と、当時の自分に問いかけたい気分。でも、代理店のカタログにはシンキ

ングなんて書いてなかったと思うし、悪いのはボクじゃない。じゃあ悪いのは、…誰だ？（笑）

オイルの詰まった鈍重なボディは、見た目どおり（？）のちょっとバタバタ系の動き。でも破綻することなく、規則正しくしっかりと泳いでくれます。意識はしてなかっただろうけど、完全なるフラットサイドはその大きな質量で強く水を動かすだろうし、何よりネバー・ストップ・グリッタリングでボクら同様、バスの心もそれなりにわしづかみにしてくれるはず…。いや、それなりってなんだ？　それなりにわしづかみって日本語おかしいだろう。そのための魅惑のスパーク・システムなんじゃないか。第一、キミが信じてあげられなくてどうする、え、Dabクンよ？

天才度 ★★★　B級度 ★★★★★
『それなりに釣れてはいました』度
★★★★★

116

セダーウッドのクランクベイトで名を馳せた
ポー。変態リック・クラン（失礼。褒め言葉です）
の名を冠したRCシリーズや、セダーシリーズ使
いのデヴィッド・フリッツの活躍で、間違いなく
一世を風靡したワケです。が、トーナメントシー
ンに疎いボクにとって、やっぱりポーはアイデ
ンティティのパックマンアイと、ぼくとつとした
風合いがたまらないメーカー。

　そんなポー族が誇るペンシルベイト団末弟、
ジャックポット1300と、口を開けた様子がサイ
ズ感と相まって可愛らしいブラーピー。まるで
バレット（弾丸）のような1300は、ずんぐりボディ
をスムーズなラインで紡ぎ、60mm前後の体長
なりに右へ左へ快活に動く。ただしポーだけに
その個体差は激しく、サイズから鼻先やお尻の
カタチまでバラエティ（？）に富んでいて、追い
かけるのもちょっと面白いかもしれない。単純
に削り手のさじ加減だから、キリがないとは思
うけどね（笑）。

　一方のブラーピー君。1300のボディを流用し、
頭を切り欠いたポップンクランク。きっちり水面
下を泳いでくる様は、そう、ダーターではな
くシャローランナーだとボクは思う。そ
れを実現するのはほんのちょっとだ
け出ている下唇。驚くべきはその
出具合で、その差2mmに満たず。
一見、上下同じに見えるけど、ここ
だけは泳ぎに直結するから、個体
差と裏腹にシビアに加工したんだ
ろうなあ。こういった合理化のケー
スでもさすがはポー、うまく化かし
たと思う。ここに気がつくとなんだ
か嬉しくなっちゃうんだよね。しか
し、バレットを切り欠いて別のプラ

グに仕立てるなんて、まるで弾頭を凹ませ用途
を変えたホローポイント弾のようだ。さあ、水面
でバスを射抜くのはどっちだ？ そりゃあ両方に
決まってるさ。

バレット、そしてホローポイント
JACKPOT 1300 & BLURPEE
ジャックポット1300 & ブラーピー
Poe's ［ポー］70年代～2000年代

天才度 ★★　B級度 ★★★★
『弾丸だけに小さくても飛ぶぞ』度
★★★★★

友人はコイツを別の友人に説明する時に"枝みたいなヤツ"と呼んだ。言い得て妙（笑）。でも、ティップからぶら下がるシーデビルは確かにそう見える。マーブルやもっと派手なカラーもあるんだよね。いつか手に入れよう。

バイカラーの奇々怪々
SEADEVIL
シーデビル
Surebite Bait Co.
［シュアバイト・ベイトカンパニー］
30年代

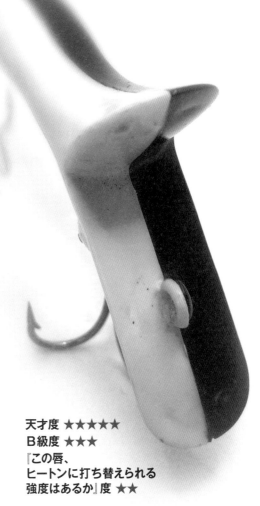

左右のブランクから出ているとはいえ、このラインアイには一抹の不安を覚える。気に入っているからとりあえず投げてはいるけれど、いつかどうにかなってしまいそう（困）。

ケツの座りと気持ちの悪い、極めて有機的なボディライン、シルエット。その雰囲気を加速度的に不気味なものとするバイカラー。バスフィッシング界のネッシー、オゴポゴ、モケーレ・ムベンベと呼ばれた（か、どうかは知らない。笑）、シュアバイト謹製、文字どおり驚愕なるUMA、シーデビル。名前も妙に見た目と合致していてボクは大いに感心したもんです。この"シー"というのは別にソルト使用をうながすものではなく、雰囲気的な意味でのネーミングなんじゃないかなあ、と思ってはいるけど。

そのアクションは実に秀逸、絶妙、出色。まず、極めてイージーにその場のターンを行い、上唇にてポップサウンドを繰り返す。この唇の反り具合がまた気持ち悪くていい（笑）。さらにリトリーブでは、潜ろうとする長い下唇と潜らせまいと突き出る上唇の塩梅で、引き波を立てる艶かしい泳ぎを披露。伝わりやすいように凄く端的に表現するのなら、ミノーライクなブレードなしビッグバド、とでも言えばいいか。もちろんこの際、正体不明なシルエットが動きと相まって、ホントにホントに気持ち悪い。

…ハッ！書いていて思ったけど、気持ち悪いといえばちょっとバチ抜けっぽいかも？もしかすると"シー"の意味はやっぱりソルトも関係しているのかな。前言撤回（笑）。でも、金属棒を介したフック装着法はまだいいとして、惜しむらくはラインアイ。ボディと一体の樹脂製なんだよね。ただでさえ危なっかしいのに、古いルアーなんだから経年劣化は免れないはず。そこがね、恐る恐る使うしかない理由のひとつ。惜しいなあ、ホントにホントに惜しい。

天才度 ★★★★★
B級度 ★★★
『この唇、ヒートンに打ち替えられる強度はあるか』度 ★★

金属の棒を介してフックはぶら下がる。したがって自由度は低い。しかしこのアングル、ヤツメウナギみたいで怖いね。

これは水面上の哲学か
SCATBACK
スキャットバック
Mermade Bait Co.
［マーメイドベイト・カンパニー］
40年代

　一見ドローンとしたプロポーション。でもよく見れば背中や肩付近にほのかな抑揚が見えて、実はこのプラグで一、二を争う見どころなんじゃないかと思う。もちろん双璧なのはテイルの奇怪なアクション発生装置。なにかこう目の位置も相まって、クルマのようで、宇宙船のようで、謎に包まれた生物のようで、達観した人の顔ようで、なんとも形容し難い哲学的存在。

　でも一つ言えるのは、圧倒的に魅力的だということ。水面万物創造主、マーメイドベイト・スキャットバック。テイルの独創的アクション発生装置のおかげで、見事な立ち浮き姿勢。お腹のラインアイの位置とまっ平らな顎下のおかげで、その場で立ったまま左右にクルッ、クルッと水を跳ねる首振り。そしてひとたびリーリングを始めれば、胸を預けるように扁平ボディは

水を受け、水平姿勢に移行し、テイルの装置が顔を出す。もとい、お尻を出し、摩訶不思議な位置のラインアイを基点に水面を泳ぎ出す。羽根やカップのような明確な騒がしさはないものの、生命感溢れるウネウネは、見た目が寄与するところも大きい。残念ながらボクは小さいほうしか持ってないんだけど、大サイズならばもっとハッキリしているのかな？

　そうそう。言い忘れたけど、どうもスキャットバックは40年代には存在していたらしい。昔の人の発想は凄かったんだね。でも、その後もいろいろと出てきたおかげか、ボクらはすでに何かに囚われているのかもしれないなあ。

時期的なものか、ネームの扱いが違う。型を修正してるよね。

天才度 ★★★★　B級度 ★★★★
『投げるとは何か？　釣るとは何か？』度 ★★★

それこそビックリがラッシュだよ

WILD DUCK SWISHER

ワイルドダック・スイッシャー

Luhr Jensen

［ルーハージェンセン］
2000年代

　お、ビッグラッシュにホッツィートッツィーのプロペラつきが出たのか？ いや、なんかおかしいぞ。誰かが改造したのか？ 困惑が狼狽に変わり、そして紛糾の嵐を呼ぶことになる（笑）。あの、あのルーハージェンセンがこんなヤツを出すなんて…。ワイルドダック・スイッシャー。

　実のところ、これが本当の名前がどうか怪しいです。なぜならワイルドダックとあるだけのパッケージに複数モデルが存在。便宜上、スイッシャーとしたけど、もしかした

らダブルスイッシャーかもしれないし、ちゃんとした名前があるのかもしれない。ゴメンなさい。これもまた想像なんだけど、ひょっとしたらこのシリーズ、我が国のみの販売だったんじゃないかなあ。この体裁、本国で売る理由があまり感じられないんですよ。さて、皆さんはどう思います？？？

　それはさておき、サイズ感もオリジナルに近いコイツ。あろうことかプロペラもボスつきだし、アメリカンにしては前後逆ひねりをつけている。メイドイン・ジャパンの可能性すら漂ってくる状況に、戸惑いしかないワケです。もっとも、実際に犬が歩くように首を軽く左右に振り降ろすようなドッグウォークも多少はこなすし、ボスペラの甘いスイッシュ音もなかなかのもの。木目肌が荒々しく浮き出ていたり、ショートシャンクのフックあたりで詰めの甘さを感じてしまうけど。でも、それでこそだよね。その甘さで許せちゃうんだよ（笑）。

天才度 ★
B級度 ★★★★
『雑いながらも雰囲気出してるよね』度
★★★

数奇なショップ限定キット

BASS PRO SHOPS
POP-R KIT 2nd
バスプロショップス・ポップRキット（2nd）
Rebel
[レーベル] 80年代後半

ポップRマニアの友人が2ndのこのカラーは見たことがない、と言っていたけど、どれだったかな？ 右のメッキ＋赤目だったかな？ もしかすると、このセットのみのカラーなのかもしれないね。

原寸大

　ポップRキット、バスプロショップス限定カラーのキット。ご存じのとおりポップR自体、今なお一線級の名作。本来ならばここに載せるべきプラグではないんだろうけど、今回は立ち位置的にちょっと珍しい品をちょっと面白い経緯で入手したよ、ということでしばしおつき合いを。

　実はこの2ndモデル3本（カップのエッジがボテっと丸く、上唇が尖っているヤツね、念のため）、バラバラでショップに並んでいたところを、なんとはなしにまとめて買ったんですね。先の限定キットの面々とは知らずに。のちにカタロ

グを眺めていて、あれ、この3本は？ と気づいた次第。いやあ、あの時の自分に最大級の賛辞を贈りたい。もちろんどんなパッケージかわからないけど、3本まとまったカタチで売っていたなら、それはもう決定的だった。でも、開封されてバラバラの状態で海を渡り、やっぱりこっちでバラ売りされているところをまとめて買えたのは、タイミングと、自分で言うのもなんだけど、類い稀なる研ぎ澄まされた感覚の賜物（笑）。だってさ、誰かが1本買っていればそれでアウトだし、ボクが1本買わなきゃトリオ解散なんだから。

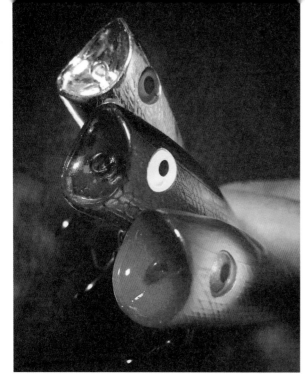

カップのエッジが立ってなく、ボテッと丸いものが通称2ndと呼ばれるもの。さらに上唇がスッと尖っているのがわかりますか？ ただし、2ndや3rdの中でもまたいろいろあるらしく、例えばエッジを刃物か削りで修正したモデルがあったりする。どうしてそれがユーザーの手で行われた可能性を否定出来るのか。なぜならカップ修正後にメッキがのっているからだ（写真下）。

　ただね、ボクの記憶だと、この時期とっくに3rdモデルになっているはずなんです。もしかしたら旧ブランクの処分市として、お買い得セットで吐いちまえ大作戦が取られたのかもしれない。なあ、バスプロショップス。安くするからお前んとこでちょっと頼むよ、な？ みたいな感じでね（笑）。

　そうそう、限定というと、我が国でも代理店やショップなどが積極的にオリジナルカラーを頼んでいたよね。ポパイ限定カラーなんかはちょっとクセのあるカッコいいものが多かった。上州屋にもヘドン別注カラーがあったのに、のちに収拾つかないほど本家がカラー出しちゃったもんだから、上州屋カラーの存在が薄れてしまったのは残念と言うか、ちょっと悔しかったなあ。グロスブラックのビッグバドや、マットチャート＋金目のクレイジークロウラーとかね。

ブルーメッキカラーの塗装面積の割合がちょっと違うけど、今回のものはあきらかにこのキットと言える。

天才度 ★★★★
B級度 ★
『キットのパッケージを見てみたい』度
★★★★★

UMAは、捕まえられる時に
UNKNOWN 3JOINT BAIT
謎の三連ジョイントベイト（名称不明）
Manufacturers Unknown
[メーカー不明] 年代不明

複雑怪奇な造形が詰まる頭部。凹対凹の不思議なジョイントボディは、どうして緩くふくらんでいるのかさっぱりわからないテイルをつなぐ（実はここが一番気持ち悪い）。色のないグラスアイの四白眼が著しく感情を限定し、いやがおうにも不気味さを増す。謎の三連ジョイントベイト、変なナチュラルプリントの嫌らしい感じが逆にいい感じ（笑）。

実はこれ、ちょっと前までまあまあ見かけるプラグだったんですね。縁がなかったのか、パッケージ入りのものとうまいこと出会えず今に至るワケです。そしていつものごとく、力不足で詳細に辿り着けず申し訳ない。

おでこ全面を平らに削ってリップを伸ばした体裁は、ウォブリング主体の極めてスムーズな泳ぎを披露。不思議なジョイントボディと変な

テイルは見事に追従し、薄気味の悪さに拍車をかける。おのおのの浮力が利いているせいか水面使いもいけるくちで、ウネる頭部とウネウネするシッポどもがなんとも魅力的な引き波を立て、サカナもボクらも大騒ぎ、てなもんです。

どうです、ちょっといい感じでしょ？ いいんですよ実際に。ただ、ボクが後悔してるのは、いつでも買えると思っちゃったところ。やっぱりね、"ピンときたらいっておけ"、です。特にルアーなら絶対。これはむしろ家訓にするべきだ。でないと長いこと後悔しますよ。ボクなんかアレでしょ、アレもそうだし、アレもだ…（泣）。

天才度 ★★★
B級度 ★★★★★
『一期一会もつけ加えておいて』度 ★★★★★

ベビーザラよりほんのちょっと小さ
いかな。ボディ貫通ラトルのカラカラ
と、ヒイラギペラのナイスコンビネー
ション、ブラープ。

　実はこれがいろいろなところから
出ていた可能性がありまして、なんと
ヒロミ産業からは同名で販売されて
いるといった具合(困)。手前二つは
間違いなくブラープなんですが、奥
のホットタイガーはシール目でちょっ
と怪しい…。

　この手のヤツは、パッケージを開け
てしまえばわからないんですね。シー
ル目ならあそこだ。いや、ここの後期
のものはシール目だったかもしれない
よ？…などなど。実際ボクら、そうい
う部分を拠りどころにしてるじゃない
ですか。どうでもいいことだけど、ど
うでもよくない。そういった友人たち
とのやりとりに我ながら呆れることも
あるんですが、楽しいのも事実。もう、
こんなさすらいのジャーニーマンがい
るから…（笑）。

　なんてブラープのせいにしたとこ
ろで、肝心のアクション。ややお尻下
げの姿勢からよく動く気配はするも
のの、軽めのボディが災いしてか、リ
ニアに左右にいく感じではない。それ
でもジャークなんかは全く問題ない
し、むしろ難しく考えずにランダムな
ジョジョッを利かす方向ならば、気安
い感じも手伝ってガシガシ使えるし
釣果も伸びるかもしれない。そのう
ち酷使しすぎてボロボロになって、相
反するようにアナタの大事な大事な
プラグになるかもしれない。例えそれ
がブラープでない何かだったとし
ても、もう全然構わないよね？

都合のいい プラグ

BLURP

ブラープ

Fish Mite

［フィッシュメイト］
90年代～2000年代

天才度 ★
B級度 ★★★★★
『えっ、拠りどころ
だったんじゃないの？』度
★★★★★

いい時代の、いい雰囲気の
LOUDMOUTH
ラウドマウス
Cotton Cordell
［コットンコーデル］
60年代 〜 80年代

　地味と思われがちなコットンコーデルの中でも（失礼、自分は大好きです！）、雰囲気タップリなザ・バスプラグ、ラウドマウス。全長80mm、抑揚のあるボディラインも相まって、ボリューム感溢れる大きな体躯。でもコーデルのラインナップを思えば、少しの違和感をボクは覚えるんです。

　このサイズ、実はいたしかたなかったのではないかと。リトリーブ時のノイジーアクションを実現するためにジッターバグあたりのカップを手本とするあまり、このサイズの口になった。結果、そこから割り出した大きなボディ、という感じだったら。もちろんハトリーズ・ラウドラットのように小さくても実現しているケースはある。でもラウドマウスの場合、目指す理想についにこだわりすぎたとしたら。プックリ腹部に加えてプロペラがつくから、やっぱりこれくらいの大きな口じゃないとガバガバ泳がなかったとしたら。さらに収まりどころの悪い大きなゴトゴトラトルが入り、ボクには未だその理由がわからない、両サイドにつくフックとなると、ね？ただ、この3フッカーはクラシカルな雰囲気の演出にひと役もふた役も買っている。お腹を一つフックにしたチューンを見たことがあるんだけど、なんだかちょっと違う感じがしたからね。

　そうそう、先のラトルとプロペラのおかげで立ち浮きであるがゆえ、ピンスポットで口を左右にクルッ、クルッと振らせるのも得意。ただ、やっぱり収まりの悪いラトルやサイドフックのせいなのか、ともすりゃ背面浮きのような角度で浮くこともあったりして。でもそんなのはボクらのほうでなんとかしよう。こんなカッコいいバスプラグが生まれたことを喜ぼうよ。

天才度 ★★★　B級度 ★★★
『市場ではパチモノのほうがプレミアム』度 ★★★★★

後ろ向きメタルリップの可愛らしいヘンテコなプラグ。その名のとおり、いわゆるザリガニフォーマットのクランクベイト。ところがよく見ると、お尻にもリップ風のスタビライザー的な意匠。これは面白い、と、思ったのもつかの間、なんとシンキング。ところがガッカリしたのもつかの間…。

意外な特技を忍ばせる、変顔ポーカーフェイス、パワーテック・プロのクロウバグ。先人たちのワイドウォブリングを継承し、ラトルも派手。激しく身体を振る様はいかにも効きそうな気配。いや、実際にいいんですよこれが。シンキングボディも手伝って、小さくてもキャスタビリティはバッチリ。しかしシンキングアレルギーのボクがはたしてどこにやられたのか。

それは唯一無二のフォーリングアクション。フラフラと泳ぎながら沈むんですが、なんと説明したらいいのか。連続写真風にしてみたけど、実際はもうちょっとなだらかかも。リップを下に向け、そのまま身体を前転気味に。そしてやや背面で受けつつフラフラ泳いで水底へ。つまり沈む時、ボクらから遠ざかるんですね。意味ありげなお尻のサブリップとフラットな頭部〜背部はこのためのもので、やっぱり大きな意味があったのかと。体躯のわりに大きなフックを持ち、ひと口サイズを余裕で下回るボディだから、フォーリング時のフック位置はさほど重要じゃない。さらに着底時はリップを支点にし、まるでラッコがフックを抱えるような姿勢で静止する離れワザ。ブリブリ引いてきて、フッと抜くと、フラフラ遠ざかって沈む。これは天才的。しかもボディワークが物語るとおり、完全に狙ってのことだからね。

初めは面白いカタチだけで買ったけど、こういうことがあるからやめられない（笑）。ただし、複数買ったのに残りわずか。やはりシンキングの宿命からは逃れられない。面白さのあまり、ついフラフラ落としすぎちゃったな。

原寸大

キミ、とっても
面白い
じゃないか！

CRAW BUG
クロウバグ

Power Tec Pro
［パワーテック・プロ］
2010年代

天才度 ★★★★★
B級度 ★★★★★
『ついシャローばかり
撃ちに行っちゃうから』度 ★★★

127

ターバグと違い、よく言えば重厚な、悪く言えば軽やかさに欠ける感じ。穴から水が抜ける影響がどのくらいなのかわからないけど、もし結構抜けているのならば、塞いだほうがアクション的にはいいのかもしれない。と同時にそれは、スキッパーのアイデンティティを否定することにもなるんですが…。

いずれにしろ、ジッターバグに慣れているボクらは知らず知らずのうちに基準にしちゃってるからね。でも、スキッパーの重厚な泳ぎが効くこともきっとあるはずだから。で、ここでまたまた驚愕の事実。フレッドアーボガスト、クリームときて、なんとホム・アートベイトもオハイオのアクロン！ 一体どうなってるんだろう？ この街は。

アクロンという街
SKIPPER [原寸大]
スキッパー
Hom-Art Bait Co.
[ホム・アートベイトカンパニー] 40年代後半

二つの円を繋げたような、ぶ厚いメッキの重厚感溢れる特徴的なカップは、左右共にバブルホール（というかわからないけど）を備える。ジッターバグを膨らませたようなボディと相まって、可愛らしくも迫力満点。これは多分塗りの雰囲気もあるし、なにより時代がそう感じさせているに違いない。

というのも、スキッパーは1940年代のプラグ。そう考えると納得のたたずまい。しかもホム・アートベイト自体、わずか3年という短命なメーカーだったようで、こうなってくるともう、ますます見る目が違ってきちゃうワケです。泳ぎはというと、やはりアルミカップの先人、ジッ

天才度 ★★★
B級度 ★★
『ノイジーカップの街?』度
★★★★★

皆さんはショックリーダーを使います
か？ ボクはPEライン＋ナイロンリーダー
でバスをやるんですが、あるんですよ、
やっぱり。え？ 何があるのかって？ 引き
波を立てるリーダーのつなぎ目にバイト
があるんです。ええ、十中八九、ブルー
ギルの仕業なんですがね。そんなことを
思い起こさせるのがこの洋風水面オバケ、
フロントランナー。

先のトムマンおじさんのバックバー
ナー同様、お尻のラインアイにリーダー
を介して後ろにルアーを繋げる。いわば
ティーザーというヤツなんですが、決定
的に違うのはこちらはフローティングだ
ということ。したがってラインアイと後
部アイが常に一直線。すなわち後方のル
アーもフローティングであれば、二次元
の面展開。深度が加わる三次元展開の
バックランナーは先のようにうまく泳が
なかったりと、トラブルを起こす可能性
は広がる。似たような体裁でも浮くと沈
むじゃ大違いなんですね。

単体のルアーとして見るならば、バッ
クバーナーのほうが成立はしている。実
はあれ、そもそも通常のバイブレーショ
ンを無理にティーザーに仕立てたっぽい。
だから用途に特化し振り切っているぶん、
ティーザーとしての完成度はフロントラ
ンナーのほうが上を行くワケです。

さあ、逃げまどう小魚を追う役はどれ
にする？ やっぱり口を大きくあけたポッ
パーが気分か。それとも戦闘モードに入
り、身体を左右に揺らしながら獲物を狙う
ペンシルベイト？ けたたましく派手に追
い立てるスイッシャーもいいよね。少し
の手間を惜しまずオプションとしてフロン
トランナーを忍ばせておけば、そんな世界
観の釣りを楽しめますよ。

原寸大

あるよね、
そういうことが

FRONT RUNNER
フロントランナー
Norman Lures
[ノーマン・ルアーズ] 90年代

天才度 ★★
B級度 ★★★★★
『前後ダブルヒットは格別』度
★★★★★

不揃いのプロペラの理由とは
ACE IN THE HOLE
エース・イン・ザ・ホール

Poe's ［ボー］年代不明

原寸大

セダーウッドのクランクベイトで名を馳せたポー。可愛らしいパックマンアイは昔から継承される、誰もが認める大事な大事なアイデンティティ。いいですか？ 世の皆さま。カンタンに捨ててはいかんのですよ、こういった部分はね。

ところでこのエース・イン・ザ・ホール、よく見るヤツとちょっと違うと思いませんか？ そう、これは古いエース・イン・ザ・ホール。目の隈取りとエラと骨のパターンが一体化。これまでに見たことのないナイスカラーは独特のカッコよさを醸す。そして気になるのがフロントペラとリヤペラの違い。初めは誰かがつけ替えたんじゃないか、とボクは思った。ところが出てくる個体が軒並みこの体裁。徐々にこれは仕様なのだと確信に変わるワケです。

じゃあ、ナゼこんなことになったのか？ ダブルスイッシャーのピンスポット使いでの前後差はそれほど気にならないと思う。でも、タダ引きをすると、フロントペラは水流をかぶるようにやってくるのに対し、リヤペラの大部分は出ちゃっている状態。実を言うとボクがよく使うオビーズ・ツインスピンも、そのためにフロントペラは思い切り立て、リヤペラは思い切り寝かせて帳尻をあわせている。もしかすると、もしかするとだよ。この差がどうにも気になって仕方なかった、なんてことはないだろうか？ もちろんそこにはもっと重要な意味があるかもしれないし、やっぱり几帳面な人なのかもしれない（笑）。

いずれにしろ、ちょっと珍しいケースに戸惑いと面白さを感じ、今もこうして一介のバサーはナゼを繰り返すのであります。

天才度 ★★★
B級度 ★★★★
『そしてアメリカンお約束の
前後同回転ペラ』度 ★★★★★

COLUMN
#3

セカンドブランドの存在

Existence of a Second Brand

　皆さんはクラスタックルというブランドをご存じですか？　見るからにバグリーのプラグをかたどった、同じくバルサやウッドのラインナップ。違いといえばカラーリングだけは渋めなものが多かった印象。アウトラインはバグリーなのに、おかげで別の世界観を醸すという、なんとも不思議なプラグたち。

　これ、実はバグリー自身のセカンドブランドで、おそらく本家だけでは回しきれない案件や、時にはバグリー製品そのもののフォローもこなしてきた、いわばスーパーサブ的な役割だったんじゃないかと思います。

　そしてケンクラフトのハリーズやブルック、マーシャルを始めとしたウッドプラグ群。さらにバグリーボディなのに、ケンクラフトのネームがリップに入ったクランクベイト。これらを手がけていたのも、陰の請負人であるクラスタックルの手によるもので間違いないかと。

　結局、大元的にイコール・バグリーなのは変わらないんですが、クラスタックルの独特な塗りや仕上げをケンクラフト関連のバルサ＆ウッドルアー群で感じることが出来るのはちょっと面白い。こういったケースは昔から多々あって、単にボクらが気づいていないだけなんですね。アイツとアイツ、実はそうだったのか！ みたいな。えっ、なんかちょっと変な感じに聞こえる？ そりゃあわざわざ宣言するものでもないし、隠密にするもの。大人ならわかるでしょ？ (笑)

使えなかったビンテージも、ビックリ
SCARAB
スカラブ
Plastic Image
［プラスティックイメージ］
2000年代

　というワケで、まるでボクらの夢を叶えるかのごとく老兵を蘇らせていたプラスティックイメージ。それは重鎮クリークチャブも例外ではない。というか多分プラスティックイメージの人は、自分の好きな、もしくは自分の欲しいプラグを選んでいたんじゃないかと思う。ボクだったらきっとそうするから。それにしてもなんとストロングなアイテムチョイス。ボクはいいとこオールド止まりだけど、ビンテージが大好きな人だったんだろうなあ。

　さて、水上のフンコロガシ、スカラブ。古代エジプトでは聖なる甲虫として崇拝されてきた黄金虫。クリークチャブ・ビートルに当てたネーミングとしては、こちらも見事としか言いようがない素晴らしいチョイス。オリジナルに比べて浮力が高いから、やっぱり水をかき回す水面

系を意識したんだとボクは思う。極めてスローなリトリーブでも引き波とブレードでしっかりアピールしつつ、フラットな腹部も相まって左右へ身体をスムーズに送り、見事な泳ぎを見せてくれる。もちろん潜らせることもOKだけど。

　そうそう、ブレードといえば、ビートルは贅沢に貝がらを奢る。そこをスカラブはプラスティック・ブレードで表現しているんだけど、これが虹色に光るものを使っているワケです。このこだわり具合、思わずニヤケてきちゃう。リヤのワイヤーの取り回しや金属ビーズも相当なものだし、これが完成した時、嬉しかったろうなあ。

天才度 ★★　B級度 ★★★★★
『そしてプラスティックイメージの人は、
多分トップ好き』度 ★★★★

ひと目でわかる、何者かのふりをしている何者か。アビースペシャルのポッパーバグ。メイド・イン・ジャパン、名作フラポッパーのコピープラグ。大きさ的にはオリジナルで言う3番目になる約1/4ozほどの可愛らしいサイズ。このあたりはやはり、釣れる可能性を考慮した"当時の我が国サイズ"だったのかもしれない。といっても完全なるトレスとは違い、まん丸な口だけはオリジナルで言う3/8ozを真似るあたり、ちょっとしたアレンジということなのか。このケース、奇しくもB列参掲載の、これまた可愛らしいハーターズのフラポッパー・コピーと一致しているのは面白い。

さて、コピーというのは手っ取り早さもあるだろうし、似たようなものを安価で提供する、ということもあるかもしれない。ただ、ボクらが憧れていたように、もし送り手側もそうだったとしたら。単純にラインナップ的に欲しかった、なんていうのはもちろんのこと、根底にはメジャーブランドに近づきたい、という理由もあったのかもしれない。

いずれにしろ今こうしてポッパーバグを見ると、きめの細かい特徴的なラメや、一度深くタックして少しだけ隆起させた目はぶつけてもキズつかないし、なかなか頑張っている。意図的かどうかはわからないけどね（笑）。でも面白いことにオールドのコピー人気はオリジナルと逆転しつつある。絶対数であったり、今となってはもの珍しさも多分にしてあるだろうけど、これはおそらくノスタルジーという名を借りた、単純なる愛情。愛情だって？ 変わらぬ愛などあるものか。いや、あると思うよ、ボクは。

原寸大

それが憧れというものならば
POPPER BUG
ポッパーバグ
Aby Special
［アビースペシャル］80年代

天才度 ★　B級度 ★★★★★
『世界フラポッパー・
コピー選手権第3位』度 ★★★★

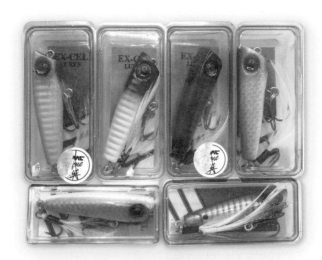

安かろう、全然悪くないだろう

EX-CEL PLUS &
EX-CEL SPECIAL

エクセルプラス & エクセルスペシャル

Ex-Cel Lures

［エクセルルアーズ］90年代 ～ 2000年代

原寸大

一丁前にVMCフック使用を謳うシールがついている。見たところシールなしのものも同じフックだから、パッと見では伝わりづらい、意外としっかりしているプラグ。フェザーの塩梅はアバウトだけど（笑）。

　マイナーしてるかいっ！？　ああ、どうせオレはめちゃマイナーなエクセルの者さ…。ボクらは単にエクセルポッパーと呼んでいるんだけど、多分、多分ですよ。小さいほうがエクセルスペシャル、大きいほうがエクセルプラス。なぜならパッケージには"EX-CEL LURES"としかないんですね（困）。後ろのバーコード付近から読み取れるのはそんな感じなのでございます。

　さて、エクセルポッパー（便宜上、二つ合わせて）。友人と釣具屋さんに行くと、そのポッパー、まとめて買ってくれるなら安くするよ、と言われるんですね。で、ついその誘いにのり二人で全部買ってしまったと（笑）。でもその後、このポッパーは毎度バスを引っ張り出してくれ、見事、友人チームのレギュラーメンバーとなるワケです。

　一見、雑多な作りに見えるウッドプラグは、例えばラインアイからテイルのアイまでセンターをほぼほぼ揃えてきているし、グラスアイの位置も左右均等でキッチリ。各ヒートンは目止め済み（！）で、きめの細かいラメも相まって、真面目に作ってる感が伝わってくる。その甲斐あってか、長いフェザーがついているにもかかわらずそこそこ左右に動くし、浅めのカップはナチュラルサウンドと唾を吐き出してくれる。プラス、体躯と変わらぬロングフェザーの威力よ。

　ロストや壊れたのもあるけど、おかげで見かけるたびについ買ってしまうんです、友人のために。いや、だから友人のためだってば（笑）。

天才度 ★★　B級度 ★★★★★
『いらっしゃい、いいエクセル入ってるよ』度
★★★★

日本のルアーフィッシングの印象を聞いてみたい
PEPPER HELICE
ペッパーヘリス

KV［ケーヴイ］2023年現在

レッドヘッドの赤は、蛍光イエローの上にマゼンタ（蛍光ピンク）を吹いて赤にしている。色のたし算を意識するとカラーリングの巾が広がるかも。

　KVといえば一世を風靡したDR.スポック。硬質な、それでいて粘りのあるバランスの取れたボーン素材をブランクに使用し、ガッコンガッコン鳴るラトルサウンドが世界中で響いたワケです。我が国でも好んで使っている方がたくさんいるはず。そんなKVの技巧派担当、ペッパーヘリス。ボーンとクリアブランクが存在することで、またこだわりのむきをヤキモキさせること必至。いや、ペッパーヘリスはノンラトルだからそうはならないか（笑）。

　強烈なサカナを相手にする南米のプラグらしく、プロペラは指じゃ曲がらないほどのゴツいものを採用。しかも通常と違い、凹んでいるプレスの裏側を前方に向けているあたり、水を噛んで受けて立つ考え。それはボディワークの特徴的な腹部の凹みにも表れている。立ち浮きからスムーズに頭を下げ、カップで水面を叩きつつ反比例するようにお尻を上げてスイッシュするた

めのもの。おじぎをするように短く左右に首を落とす様や、カップは思ったより爆音系じゃないところを見ると、ボクらの好むゆっくりとした釣りに向いているヤツなんだと思ってる。もちろんガバジャーッ！とやってもいいんだろうけど、コイツの場合、むしろそっちのほうが難しいかもしれない。

　そんなペッパーヘリスも世界的な流れには勝てず、近年、無表情な3Dアイになってしまったのは本当に本当に残念。ボクにはツラい世の中になってしまったなあ（泣）。あ、そうそう、KVとは"Kuroiwa Venturini"のイニシャル。きっと日系の方がボスなんですね。なんかちょっと勝手に親近感（笑）。

天才度 ★★★　B級度 ★★★★★
『愛嬌のある顔だったのに、
もったいないなあ』度 ★★★

マンズ。…どうしてマンズはこうなのか。ボクはこのメーカー大好きで～す！ 筋の生きた艶めかしい背ビレは、この時代のマンズ・フォーマット。スイッシャーやクランクベイト、ミノーやバイブレーションからジャークベイトまで、みんなつけていた。そしてラメを練りこんだブランクは、独特な顔回りの造形やナチュラルプリント・パターンも相まって、マンズらしさといい時代を感じることの出来るカラーだと個人的には思う。マンダンサー、練りラメカラーがよく似合うヤツ。

大きなラトルと小さなラトルのコンビネーションはよく響き、スケーティング巾こそ控えめなれど、ややお尻下げの浮き姿勢から右に左に質量を感じるスライドを見せてくれる。これは先のラトルに加えて、粘りのあるボディ材質と厚みがそうさせるんじゃないかと。つまり、飛ぶ

ようにビュンビュンいくのではなく、水を噛みしめるようなスケーティング、とでもいったほうがいいか。…え、そんな抽象的な説明じゃわからないって？ そう言われても、長嶋さんのバッティング理論的な説明しか出来ないので（汗）。

ちなみにボクの友人がオールド・マンズの大人気アイテム、フロッグカラーの新品マンダンサーを卸しましてね。噛みしめスケーティングを動かないと言い、無慈悲にもお腹に鉛をベタッと瞬間接着剤で固定。そこは両面テープでいいじゃないの、両面テープで。釣り人としてキミは正しいのかもしれないけど、あのね、ボクとしてはだね（泣）。

天才度 ★★　B級度 ★★★
『今後、キミのところに
新品がいきませんように』度 ★★★★★

醸し出す雰囲気と、相応しいアクションと

MANN DANCER
マンダンサー
Mann's Bait Co.
［マンズベイト・カンパニー］
70年代～ 80年代

原寸大

SPIN BACK
スピンバック
Rebel
[レーベル]
70年代 ～ 80年代

ご存じのとおり、二者の
酷似性はこの小さなダブ
ルスイッシャーだけではな
い。あのミノーもあのクラ
ンクベイトも、あのシャッ
ドもうり二つなのは事実
なのだから。

因縁のクロスハッチ
CUT THROAT
カットスロート
Bill Norman
［ビルノーマン］70年代 ～ 80年代

1/4ozの可愛らしいミニダブルスイッシャー
のお二人。どちらも特徴的なクロスハッチだし、
肝心のシェイプもピョコッと飛び出た目もソック
リ。もちろんシビアに比べれば完全一致ではない
んだけど、それでもこの酷似性は尋常じゃないレ
ベル。…レーベルだけに。なんてね（笑）。

ノーマンとレーベル。このプラグのみならず、
ミノーやクランク等、なんだかとっても似てるな

あ、と思ったことがあるでしょ？ 実はその話題、
上がったことがあってね。そもそもノーマン氏は
別のルアーメーカーからプラドコに移籍、ルアー部
門のデザイン開発を任されていたんですって。と
ころが契約上の問題からプラドコを退社、なんと
通りの向かいに自分の会社を立ち上げる。毎度の
ごとくざっくり言うと、早い話が因縁の関係だっ
たと。それはルアーデザインだけにとどまらず、

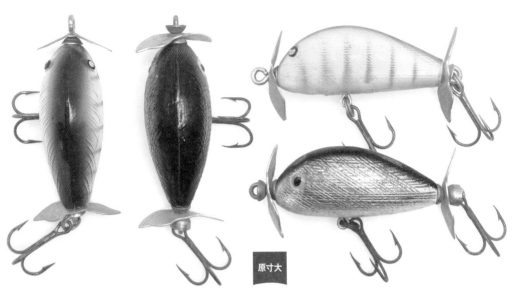

原寸大

ノーマンのボックス変遷。過去、レーベルも同様に
アメリカ南軍旗をモチーフとしたキャラクターや
グッズ等を展開している。これは他メーカーにも
見られるので一概には言えないけれど、それでも
二者の共通項は多岐に渡っている。

©Photo : Bill Bailey

例えば独立後、ノーマンが最初に発売したアメイ
ジング・ミノー。記載の社名は"R.M.Co."（Rebel.
Manufacturing. Co）。一方のプラドコは"Rebel"
のブランド名に絡め、"The Amazing Minnow"を
製品キャッチコピーとして展開。その後訴訟によ
りノーマンは社名を Norman MFG.Co., Inc. に、
ミノーを"Reb1"・"Reb2"に変更するも、ミノー
はその後も名称変更を余儀なくされる、などな

ど。水面下の謎の根は深く重い。ことの善し悪し
はボクには知る由もないけど、果たして真相や
いかに。理解違いがあったら申し訳ないです。

　さて、経緯はともかくとして、ボクらは老舗
メーカー同士のソックリ問題に長いこと疑問を
抱いてきたのは間違いない。そして数奇な二者の
今現在、プラドコ傘下において、ノーマンはその
実力をいかんなく発揮している。そしてはるか以
前にこんな話があったのかという驚きと、ナゼ
にソックリだったのかが垣間見え、震天動地の
心肝なのでございます。

驚愕のエピソード度 ★★★★★
B級度 ★★★
『Rebelは"反逆者"の意味を持つ』度
★★★★★

そそる側面形は100点満点。しかし、ひとたび上から見てみると…。仕込み系特有のデラックスなパッケージングもやっぱりそそる、ヤングルアーズのバブルスター、ボイリング・ビッグY。

ボディ上部の細長いフタを開けると、仕切りのない完全なる空間が現れる。あ、下腹部にラトルの部屋はあるけどね。で、そこに付属のタブレットを放り込む。テイル上下にそれぞれ三つの穴が、さらに頭に一つ開いてるんですが、そこからシュワシュワワーッと泡を出しながらサカナを誘うという算段。そしてタブレットなしでも使えるというのも売り。

が、しかし。ボディ内が水で浸されるシンキングプラグなんですが、そもそもボディ自体なかなかのボリューム。なのにナゼか不釣り合いで貧弱なリップがついてる。シロウトのボクが見ても不安しかないな、なんて思ってたら、やっぱり泳がない。いや、クランクベイトとして泳いでくれない。タブレットでシュワシュワさせてもそれは変わらず。つまりどういうことかというと、このみてくれでいわゆるS字系なんです。しかも不安定な。これは当初の狙いどおりに泳がず、仕方なく売ったケースか…。

ボロボロだけど雰囲気のあるいいパッケージなんですよ。タブレットにもルアーのロゴをカッコよく印刷したのに。こんなに力入ってるのにナゼ? どうして? を100万回は繰り返してるよ(泣)。

原寸大

こんなに凝ってるのになんでよ?
BOILING BIG Y
ボイリング・ビッグY
Young Lures, Inc
[ヤングルアーズ・インク] 年代不明

天才度 ★★　B級度 ★★★★★
『上から新たにリップつけたいくらいだよ』度
★★★★★

特徴的な困り涙目のおかげで否が応にも購買意欲をかきたてるこのお方。スピッティンシャイナー。あれ？　B列参に出てきたダブルスイッシャーも同じ名前ではなくて？　そこのアナタ、鋭い！　実はこのポッパーの登場により、あっちはその際にスピッティントップウォーターと改名（！）したそうです。間違いではないんだけど、この場を借りて補足をば（こっちが困り目になっちゃうよ。泣）。

というワケで気を取り直して。アウトドア総合小売店として不動の地位を築くバスプロショップスの専売ブランドとして、一時期カタログ上をにぎわせたハイバック。これが当時我が国に入ってこなかったものだから、なかなか実物を見ることが出来ず。でもカタログで知っているだけに、余計その想いが募るブランドだったんですね。だからこれを発見した時は、店内にもかかわらず

つい雄叫びをあげてしまうという恥ずかしい行為を。いや、恥ずかしくない。人間、嬉しい時は嬉しいリアクションを取るべきだよね。この行為を支持する友人も多かったことから、困り目への想いを募らせる者はやっぱり多かったんだと再確認（笑）。

おそらくハイバックは陰の仕事人、シッソンの仕業だと思うんですが、すぼみがちな口とノーウェイトな水平浮きのためか、動きは少々ピリッとしない。名前がスピッティンであるがゆえ、唾吐きに専念といったところか。さらにこの個体、両目が完全にくっついてるんだけど、そんなことはどうだっていい。憧れだった困り目がようやくボクの元にやってきたんだから。

天才度 ★　B級度 ★★★★★
『ハイバックの呪縛』度 ★★★★

キミのおかげでB列参が大混乱だよ
SPIT-N-SHINER
スピッティンシャイナー
Hiback Shiner
［ハイバックシャイナー］88年〜90年代前半

ボクら、本国の人のラトルトラップの発音と聞き分けることが出来るのかな？（笑）そんな余計な心配はさておき、長寿のわりには探そうと思うと意外とハードルが高い、ビルルイスの突貫小僧、ラトルトップ。

　フロッグカラーは80年代のもので、直線的でオーソドックスなトーピード型。プロペラは今でもよく見るヒイラギペラ。メッキのほうは2000年代。ボディ中央をピークに、頭とお尻へそれぞれ絞る、ちょっと現代的なシェイプ。プロペラはオーソドックスな直ペラと呼ばれるものだけど、厚みもあって、このサイズでしっかりしているタイプは珍しいかも。こうして並べてみると、同じプラグだと言っても信じてくれない人がいるかもしれないね。

　どちらも1/4ozで、その名のとおり複数の小さなラトルがカラカラと。ラトルのおかげなのか、スイッシュ時はほぼダイブを伴うアクション。だからこのサイズで音や泡とともに水中に潜り、フッと浮き上がるズルいタイプ。面白いのはこれ、どちらも同じアクションなんですね。厳密に言えば80′sのほうがダイブの時間は少々長い。でも、ようは体裁が変わっても大事にしたいアクションをキープした、ということ。これはビルルイスに確固たる狙いがある証拠だよね。

　大体、合理化によって改悪の方向にいくのに、新しいラトルトップはある意味、先代より凝っているように見える。やっぱりこうでなくっちゃ。

天才度 ★★ B級度 ★★★★★
『驚くべきは、パケ裏の説明文も全く一緒』度
★★★★★

ラトルトラップではありませぬ
RAT-L-TOP
ラトルトップ

Bill Lewis Lures
［ビルルイス・ルアーズ］
70年代 〜
2000年代

原寸大

トムマンおじさん、これはバッチリだったよ
POGO 911
ポゴ911
Designer Fish World
［デザイナー・フィッシュワールド］
90年代

よりリアルな表現を求め、本物のサカナのプリントをルアーに貼った"3-D Photo Fish"シリーズ。ボディにプリントした、ではなく、本当に物理的に一枚貼ってある。表現方法としてボクはそれほど気にならない。多少の段差が出来たとしてもね。しかし先のバックバーナー同様、気味の悪さはやはり際立つ、ポゴ911。

で、ふと思ったんだけど、この気味の悪さはフレンジー・シリーズも含め、写真自体がボヤッとしているからではないかと。もしかするとこっちのほうがよりリアルなのかもしれないけど、古今東西、ルアーにおけるナチュラルプリントはわりとメリハリの利いたものが多いからね。ハッ！むしろそれに慣れているから違和感を覚えるだけなのか。ボクらの問題だったならば、それはゴメンなさい、トムマンおじさん（笑）。

というワケでポゴ911。この体裁でジャラジャラのラトル持ちで、フローティングなのはちょっと嬉しい。特徴的な下向きテイルで頭下げをうながし、無理なく蹴り出し潜航する様。それでいて一旦泳ぎ出してしまえばバイブレーションのそれとは違う、ほぼ水平を保つナチュラルな泳ぎ。もちろんテイルもロールに加担しているのは間違いないし、リップがないおかげかキャスタビリティも良好な秀逸ベイト。

ところで名前の911の意味はなんだろう？あの911なの？時期的にこっちのほうが先だよね。予言？やっぱり陰謀なの？？？（怖）

天才度 ★★★
B級度 ★★★★★
『予言の書ならぬ、予言のルアー』度 ★★

143

原寸大

大いなる志と、気まぐれな羽根
BALSA50 SEMI AUTO

バルサ50・セミオート

Sports Saurus ［スポーツ・ザウルス］2000年代

　進駐軍の米兵たちのバスフィッシングを目の当たりにし、彼らに指南を受け、バスにはまってしまった則弘祐氏。言わずと知れたバルサ50の生みの親、則さん。まだまだ舶来品至上だった我が国のバスフィッシングにおいて、バルサ50の登場は華やかで鮮烈だった。ルアーはもちろん、ネーミングセンスから広告まで、大人の雰囲気タップリ。この演出は広告屋の則さんならではだ。

　バルサ50の意味は、フラッグシップのクランクベイトが50工程だったことから。…というワケなんだけど、多分これは後づけで、アメリカの刑事ドラマ、"Hawaii Five-0"から取ったんだとボクは勝手に思ってる。お洒落な則さんのことだから、きっとそうに違いない（笑）。そんなバルサ50は子供のボクには不相応な、いわゆる高嶺の花。したがって手にすることが出来ず、そのまま大人になってしまった次第。だからある意味馴染み深いつもりなんだけど、指を咥えて見ている時間が長すぎた。どうも輝きが過ぎるのだ。それがボクにとってのバルサ50。

ご丁寧にゼンマイの交換説明書がついている。これだけでもザウルスの力の入れようがわかるというもの。内部のヒモの取り回し等、苦労の跡がありありと。

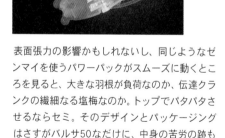

　長い脱線はもはやあきらめていただき（笑）、年月を経てバルサ50もセラフというプラスティックシリーズを展開。蓄積ノウハウも十分となったところでゼンマイギミック、セミオートの誕生と相成る。でもこれがセラフシリーズじゃないのは、バルサモデルをプラに置きかえたものがセラフということなんだろうなあ、きっと。

　さて、肝心のアクション。キャスト時にゼンマイが引っ張られ（巻かれ）、着水するとその場でゼンマイが切れるまで羽根が稼働するパワーパック・タイプ。ところがこれ、あまりスムーズじゃない。動かなかったり、動いてもすぐ止まってしまったり。あおって衝撃を与えても、そのパタパタは気まぐれで一貫性なし。個体差かもしれないけど、総じて似たようなものだと思う。風呂で動くのに水面で動かないのは、ラインの

表面張力の影響かもしれないし、同じようなゼンマイを使うパワーパックがスムーズに動くところを見ると、大きな羽根が負荷なのか、伝達クランクの繊細なる塩梅のか。トップでパタパタさせるならセミ。そのデザインとパッケージングはさすがバルサ50だけに、中身の苦労の跡も相まって本当に惜しいと思う。

　ところがだ。このランダムさを好んで使う人もいるんだよね。もしこれが意図的なものだとしたら、ボクはまだまだ未熟だなあ。

天才度 ★★★★　B級度 ★★★
『見た目は大好きなだけに』度 ★★★★★

もう皆さんご存じのとおり、アクアリウムファミリーとはケンクラフトの動物をイメージとしたルアーブランド。というよりも、もしかしたらシリーズ名なのか。そのあたりの判断はつきづらいんですが、パッケージを見る限りではブランド名のような扱い。なかでも出色の出来だと思っているのはダックビル。愛嬌タップリ、カモノハシのプラグ。

ボクの周りでも他のアクアリウムファミリーには興味ないのに、これだけは持っている人間が何人かいる。個人的にはマンボウのバイブレーションもいい線いってると思うけど、やっぱりダックビルは突き抜けている。

リップをくちばしに見立て、わざわざ鼻あたりに盛り上がりを設ける力の入った表現。そしてウエストを境にぼってりとさせたお尻や、アピールに、雰囲気作りに一役も二役も買っている足とシッポ。左右にニョロニョロと泳ぐ姿も相まって、キャラクター性とのバランスが高いところでとれたプラグだと思う。

ボクが特に気に入っているのはニュージーランドの国旗を背負ったカラー。こういった遊びの部分は思ったよりも大事で、そこからアクアリウムファミリー、というよりも、釣りをやらない人がバスフィッシングに興味を持つ可能性だってあるんだから。我が娘のように足のみにメガヒットするのもいるけれど（笑）。

原寸大

チューリップがついてる、と娘は言った

DUCKBiLL

ダックビル

Aquaqium Family Japan

[アクアリウムファミリー・ジャパン]
90年代後半

天才度 ★★★　B級度 ★★★★★
『足とシッポ、大小しっかりサイズを変えてくるところがGood』度
★★★★★

闇夜の静寂を破りし者
NIGHT BOMB
ナイトボム
Surface
[サーフェイス]
2000年代

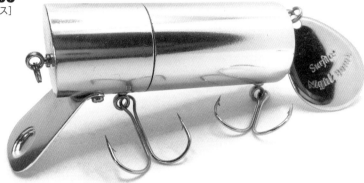

"闇に向かって投げろ!!"

for Night Gameの言葉と共に、アングラーを鼓舞するようなキャッチコピー。そう、名前もオール金属製のボディも、全ては漆黒の闇に向けてのもの。サーフェイスのナイトボム。鈍い光を放つロングボディ。ナイトバグ同様の窪みを設けた、水噛み効果を望む立ち気味の大きなリップ。わずかに角度をつけた逆スラント・ノーズは強く水を押し、テイルのブレードは煌めきと音を闇夜に響かせる。

どうです、この天下無敵感。バドよりロングボディなせいかアクションの切れ味は控えめなれど、水をうねらす様子は上々の上。ただ、切れ目のない特殊なヒートンのおかげで、やはりブレードはスプリットリング接続。せっかくテイル上部にヒートンを打ったりしてるのに、実に惜しい。反面教師、エイトリグのバドの事例は教訓にならなかったか…。ボクだったらブレードの穴の横に切れ目を入れてでも、なんとか直結にすると思う。奏でるサウンドが全然違って

くるからね。穴が小さければ、穴の大きいブレードに替えたりして。

ただ、そこを割り引いても投げたくなるプラグなのはナゼか。一見、オール金属って無機質な印象を受けるけど、ことルアーに関しては逆の印象を受けるのはボクだけか。きっと手間ひまかけた様子がにじみ出ているんじゃないかなあ。そうそう、もちろんナイトバグと共に、明るい時間に投げたって全然構わないと思うよ。

同様にメタル組ならではのクォリティがまぶしいナイトバグ。腹黒はシルエット重視のナイスカラー。

天才度 ★★★★
B級度 ★★★
『今だったら手間もコストも大変だと思うよ』度 ★★★★★

147

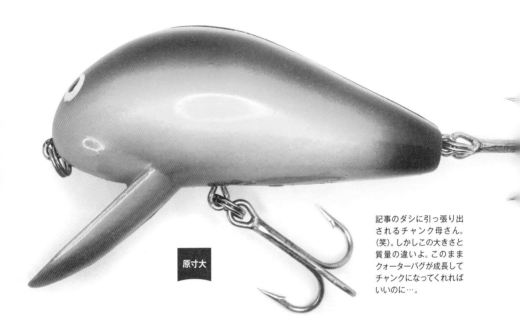

原寸大

記事のダシに引っ張り出
されるチャンク母さん。
(笑)。しかしこの大きさと
質量の違いよ。このまま
クォーターバグが成長して
チャンクになってくれれば
いいのに…。

　勘違いされては困ります、どデカいヤツが主役
ではありませぬ。後ろのね、ちみっちゃいのが今
回のメイン。巨大な母船より発進した小型UFO
群か、尊い女王を護る蜂か、蟻たちか。1/10oz
のそれはそれは可愛らしい体躯。小さな小さな実
力者、クォーターバグ。

　1/4ozのクォータバックにかけたと思われる
このネーミングはなかなか洒落ている。でもね、
仲間内では誰一人、本名で呼ぶ者はいなかった。
みんなつい"ミニチャンク"と呼んでしまうんで
すよ。だからいつまでたっても正しい名を覚えら
れない(笑)。それくらい巨大ラスボスの雰囲気
を醸しているワケです。クォーターバック(やや
こしい)を始めとする、いわば真ん中の兄弟たち。
ここらは皆、差し込みリップなのに対し、一番上

のチャンクと一番下のミニチャンク、…じゃなく
て、クォーターバグは一体式リップだから、やっ
ぱり似ちゃうんだろうなぁ。年月は離れていて
も隠せぬ血筋。う〜ん、やっぱりキミはチャン
クの名がふさわしい。

　そうそう、ボクらはスピンキャストでブルーギ
ルを狙う時に使うんだけど、おんなじくらい小バ
スにも強い。可愛らしく水面をプリプリやってく
る様は実に魅力的で、もちろん薄く潜らせること
も出来る。トラウト狙いも推奨しているから、な
んでも狙える、見た目と裏腹の地力あるオール
ラウンダーなんですね。夢見がちな人なんかだと
これを脳内でチャンクにスケール変換して、襲い
かかってくるバスも巨大バスのつもりで楽しむ
ことが出来るワケです。水辺で、うわあ、オレ

原寸大

隠し通せぬその血筋
QUARTER BUG
クォーターバグ
Norman Lures
［ノーマン・ルアーズ］90年代～2000年代

のチャンクが！などとウハウハで叫んでいる人がいたら、黙ってそ～っと距離を取りましょう。多分、ボクかボクの仲間だから。むしろ一緒にやりたいという奇特者は…、そりゃあウェルカムに決まってますよ（笑）。

天才度 ★★　B級度 ★★★★
『そうそう、表面がクロスハッチ
じゃないところもソックリね』度
★★★★★

フィンランドといえばラパラ。釣り人10人いれば20人くらいは名前を挙げると思う（笑）。しかし忘れてならないのは、たまにトンデモルアーを出してボクらを狂喜乱舞させてくれるもうひとつの老舗、ニルズマスター。明らかにラパラとは別の、いわば味わい深い有機的ラインは唯一無二。そして今回のニルハも全くといっていいほどブレがない。人々の既成概念をはるか彼方に置き去りにする、ニルズマスター・スタンダード。

80mm・1/4ozと、小魚を演出するにはベストなサイズ。逆に言うと、効果的に使うには相応のタックルがあればなおベスト。でもそんなことはどうでもいいくらい、この素晴らしくもおかしなアウトラインにひと目惚れ。サカナらしく尾ビレの手前で絞ってはいるものの、あえて抑揚を抑えつけるかのごとく。曖昧に見えるのに意思を持ち、尾ビレにしても普通ならばしっかり作っちゃうところを、先の調子で狭間にまとめあげるセンス。こうなってくると、一見普通に見える目の位置や大きささえ、これじゃなきゃダメなんだ感に駆られる。多分ボクはもう、ニルハに支配されてるんだ（笑）。

そんなニルハはバルサボディを活かしたフローティング。泳がせてみるとロッドワークに規則正しく反応するタイプではなく、オートマティックにリトリーブで泳ぐワケでもない。しかしランダムにピッ、ピッ、ピッと水面を走る様は、おかしなカタチなのに酷く生命感に溢れてる。おかしなことにね。特にこのカラーのベイトフィッシュ感は、思わず鳥も勘違いして襲いかかるほど。これ、サカナだったらなおさらですぜ。

安定の不可思議さ
NIRHA
ニルハ
Nils Master
［ニルズマスター］2023年代現在

天才度 ★★★★　B級度 ★★★★★
『ああ、もう。
どうしてニルズは
いつもこんななの？（嬉）』度
★★★★★

単にトレスで終わらない
BASSLOVE FARSTER
バスラブ・ファースター

Ryobi ［リョービ］80年代〜90年代

　高価なルアーをお手本に、気軽にアナタのお手元に。送り手のそんな思いを実際に具現化したのは陰の実力者、技のビッグバーゲン、左派的アイディアのショッピングモール、そして"今日びの釣りはリョービ"。

　バスラブ・ファースター、今風に呼ぶならファースターか。皆さんもうおわかりになるかと思いますが、バルサの絶対王者、ラパラが誇るファットラップ・ラパラSFR-5を模したのは火を見るより明らか。キッカリ50mmと同サイズで、プラスティックの利を活かし、リップを含めたアウトラインを一気にトレス。差し込み式リップがボディにフィットしきれていない部分までなぞるのは、ある意味完璧とも言える。当時としてはそっけないルアーの代表格だったラパラ。そのラインナップ中、SFR（シャローランニング・ファットラップ）もラパラスタンダードの範疇ながら、まんまと太った愛らしいボディと短いリップのおかげで

キャラクター性を感じる、とっても人気の高かったアイテム。そこに目をつけたリョービの気持ちはよくわかる。

　そして先のとおりのワンピースボディとバルサ製にはハードルの高いラトルによって、違いとファースターらしさを生み出した。それは圧倒的な浮力の弱さ。少々機敏さは身を潜めるも、これはファースター独自の美点と言える。素材を筆頭にいろいろ違えど、オリジナルとは別物の釣れる安価なシャローランナーとしてリョービは仕上げた。それが狙いだろうと結果だろうと。やっぱりリョービってね、ダイワやシマノにはない、いい意味での気安さがあったように思うよ。

天才度 ★★　B級度 ★★★★★
『ファースターって名前が
またいいんだよね』度 ★★★★

新時代は明けたのか
BALSA-LITE LURES
バルサライト・ルアーズ
Cotton Cordell
［コットンコーデル］70年代 ～ 80年代

地味と思われがちなコットンコーデルが（失礼、自分は大好きです！）、当時、地味に打ち出した新機軸、バルサライト・ルアーズ。えっ、どうしてバルサが新しいのよ？　などと思ったそこのアナタ、早合点はいけませぬ。これはバルサライトと銘を打つ、新しい素材を使ったプラグなのです。じゃあナゼにバルサライトなのか。ようはバルサの比重に限りなく近づけた新素材を使うことで、プラスティックでは出しづらい、あのバルサ製の軽やかなアクションを再現しつつ、ムラなく均一な品質も手に入れてしまおうよ、ということなんじゃなかろうかと。

さあ、ここからは毎度おなじみ推測の時間。あ、残念ながら個々の名前は不明です。便宜上、後ろ向きのヤツをシャッドとしますね。で、左ページ掲載の初期モデル3種を見る限り、出目からし

て型を使用。気泡の跡も確認出来るので、結局のところ正体は発泡素材なんじゃないかとボクは思う。当然ずっと以前から発泡素材のプラグはあるから、もしかすると比重管理を厳格にバルサに寄せたものをそう呼んだのかもしれないね。

ああ、でも初期もののフックアイはヒートンなのに対し（バイブレーションはリヤのみ）、下のメッキの後期シャッドはワイヤーなのか。ボディのシワも目立つし、目もツライチで明らかに初期のものと仕様が違う。短い製造期間にもかかわらず、これはもしかしたら素材変更の可能性アリ？　もし本当に当時の新素材だったなら、本当に本当にゴメンなさい。

天才度 ★★　B級度 ★★★★★
『バイブレーションは結構レア』度 ★★★★★

メッキのシャッドは後期もの。わかりづらいけど、クロウダッドカラーの初期は出目＋ヒートン。メッキはツルンとしたツライチの目＋ワイヤー。表面のシワは塗膜の差の可能性もなくはないけど…。

カミソリペラ、
水面切りつけながら
THE RIPPER
ザ・リッパー
Ozark Mountain
［オザークマウンテン］80年代〜90年代

　ビー玉アイが燦然と輝くこのお方。その筋には地味に人気なオザークマウンテン謹製、少々物騒な切り裂き魔の名を持つザ・リッパー。細身でありながらボディ後部に抑揚をおき、テイルにプロペラを備え、お尻を沈め怒髪天を衝くこのフォーマット。いわばジャーキング・スペシャリストの王道パターンは、もはや一つのジャンルを形成すると言ってもいい。

　そんな中でも、やはりやはりのオザークマウンテン。実は同社ラインナップのペンシルベイト、ウッドダンサーのボディを前後逆にして流用。微塵の違和感もなくこのフォーマットに合わせてきた。しかも大小共に。ボクはね、この流用とか転用に滅法弱い。おお、そうきたか！感に

喜びのあまり、つい打ち震えてしまうんだよね（笑）。さらに看板アイテムのビー玉アイは、サカナにもボクらにもアピール度高し。そして硬質なサウンドを誇る特徴的なカミソリペラで水面を削り、しかも二重反転にして他社を置き去りにする、と。

　リッパーは各輸入元の尽力で一時期、積極的に我が国に入ってきていたから、ご存じの方も多いはず。あ、切り裂き魔とは言ったけど、場所によっては"素晴らしい！"とか"凄い！"という意味で使われるんですって。もしかしたらルアーの性格と釣果的なものを掛けているかもしれないね。このへんのセンスはさすが。やっぱり舶来品してるなあ。

天才度 ★★
B級度 ★★★★
『Get Chance & Fish』度 ★★★★

同社ウッドダンサー大小。レインボーカラーが綺麗でしょう？

ベテラン選手同士のトレードとは

UNKNOWN LIVELY

謎のジョイントライブリー（名称不明）

Manufactures Unknown

［メーカー不明］年代不明

皆さんも一度や二度、友人あたりとアイテムのトレードをしたことがありますよね？今ではトレーディングカードのように、その名のとおりトレードそのものを目的とするものもあるし、世代や嗜好によってそのアイテムもまちまちですが、やっぱりルアーも例外じゃない。以前はタックルの売買交換情報を回してくれるリスト屋さん（今ならば個人情報売買をする別の人を指す。笑）という人たちがいてね。インターネットが浸透し始めるあたりまで暗躍（?）していたんです。狙っているもののチェックはもちろんのこと、なかには予想だにしない出物に出会ったり。もはやその役割はネットオークションやウェブショップが担うんだけど、文字情報メインのアナログなやりとりは牧歌的、かつ、それゆえドキドキもワクワクもさせられる。狭いながらもある種の世界感を形成していたんですね。

というワケで。初めはあまり乗り気でなかった複数トレード。しかし、正体不明なコイツを出されてボルテージがハイワッテージ。抑えきれない衝動を覚える我が身を呪いつつ、トンデモトレードに応じるという愚かしさよ（笑）。でも、ザラスプークほどのいいサイズ感は実にそそる。動かしてみれば、ポッピングを伴うピンスポットの首振りは得意中の得意。ひとたび引けば、左右にうねる達者な泳ぎは長い後部をものともせず、意外にもまともなライブリー。

そしてボクの思惑もうひとつ。前部をクルッと上下逆さにすればノイジーになるんじゃないかなあ、と。ところがそんなに甘くなくて、口で水を受けちゃうせいか、左右のリップでバタバタというワケにはいかなかった。それとね、腹下から伸びるボディ一体のプレートに穴をあけ、スプリットリングを介してフックをぶら下げる体裁。これ、おそらく70年代以前と思われるボディの経年劣化を考えると、強度的にもんのすごく不安。したがってコレクションとしてボックスに鎮座している次第。でも、ボクは微塵も後悔していない。なぜならあの時の高揚感は本物だったから。あの機会を逃していたら、きっと今も気になって仕方がないはずだからね。

天才度 ★★★　B級度 ★★★★★
『何を言われようと、己を貫き通せばいい』度 ★★★★★

モンスター、
このサイズで可愛い音♪

MONSTER
POPPER

モンスターポッパー
The Producers
[ザ・プロデューサーズ]
90年代

帽子のおじさんとフックのマークでおなじみの名フォロワー製造機、ザ・プロデューサーズが貴兄に贈る、あまりのデカさにパッケージのおじさんにかぶっている（笑）、その名もモンスターポッパー。とはいうものの、これはもしかしたらプロデューサーズの数少ないオリジナルなのかもしれない。ボクの知る限りではベースとなるプラグが見当たらないから。もしご存じの方がいましたら、ゼヒ教えてくださいね。

さて、全長105mm・1oz弱の巨大なポッパー。しかし今現在の視点で見れば、十分に許容範囲。むしろ普通に見えてしまうのはナゼだ。例えば自分でカレーを作るようになると、どんどん辛さが増してしまうとか（ボクです）、サイクリングの距離感がマヒしてくるとか（それもボクです）。感覚のエスカレーション現象。これはタックルなんかがいい例で、初めて揃えた時を思えばどうです？もはや手のつけられない状態になってるでしょ？（笑）

それはさておきモンスターポッパー。ジンクフックを採用していることからも、ソルトを意識しているのは明らか。45度ほどの浮き姿勢は、ちょうどカップが水面から出るくらい。思ったより派手なポップ音ではないものの、大小のラトルが効果的に響き、意外と小技向きなのかもしれない。そんなことなぞ構わずガッポンガッポンやるのが本分だとは思うけど。いずれにしろシンプルで伸びやかなシルエットと名前が魅力のこのポッパー。いつの日かモンスターをもってモンスターを制する時がやってくることを期待して。

残念なことにボクのは新品で買ったのに水漏れしてた（泣）。一応直したけどさ。

天才度 ★
B級度 ★★★★★
『モンスター、さあ、琵琶湖で出番なのよ♪』度
★★★★

ナチュラルプリントカラーから一連のクロウダッド・シリーズやバズンフロッグ。マス族相手のクリックポッパーやランブルバグ、ゲジゲジやイモムシもいたね。レーベルといえば写実的とも言えるリアルな表現にこだわってきたメーカー。もちろんリアルといっても、リアルミノーの世界から相応のレベルまで巾は広い。レーベルの表現方法は、ルアーとしてとってもいい塩梅だとボクは思ってる。ここらへんは歴史と環境の成せる部分が大きいんじゃないかなあ。

　そんなレーベルがリアルさとキャラクター性をうまく融合したプラグを送り出す。フロッグR、身かわしの脚なしガエル。あ、身をかわしたらいけないのか（笑）。もっともこれ、そもそも発泡のローカルベイトという元があって、おそらくその権利

を手に入れたんだと思う。それを体長60mm・1/3ozと、サイズ感共々レーベルの手でリファイン。シンプルになりすぎずくどくなりすぎず、愛嬌のあるカエルの姿をうまくまとめ、同様に中をとった絶妙な塗装表現。これからのレーベルスタンダードの指標となる、"きっかけのプラグ"だとボクには思えた。動きも小気味よく身体を左右に振り、大小のジャラジャララトルは鳴き声のごとく、これがよく釣れたんですね。

　じゃあここまでこだわったのに、肝心の脚はどうした、というむきもいると思うけど、これはカエルでありプラグ。そこは脚にこだわる者に任せればいい。ルアーってね、なにがなんでも模写すればいいってものでもないんじゃないかな。そこに理屈はあるけど理屈じゃない。だってルアーなんだから。

Rの称号を継ぐ者
FROG-R
フロッグR
Rebel
［レーベル］2010年代

天才度 ★★★
B級度 ★★★
『ひとまわり小さな
ポッパータイプもアリ』度 ★★★★★

原寸大

何をもってストップなのか。
何をもってゴーなのか。

FLOATING VIBLE Prototype

フローティング・バイブル（プロトタイプ）

Zeal ［ズイール］2002年

ツインスプリングで体内に浮くラトルボールが見えるであろうか。こんな不安定な装置を仕込んでいるのに、キッチリ泳ぐのは凄いこと。

80年代前半、あるルアービルダーがデビュー。ショップにルアーを置いてもらうところから始め、その範囲を徐々に拡大。やがてその理論と熱意はバス業界を席巻するまでに。それが柏木重孝氏のズイール。バイト先の釣具屋に入荷した一発目のテラー、アンカニーチャップ、ゲイリーウィッチ。ボクには手の届かぬ存在だったなあ。

そんなズイールも年月を重ね、プラスティックルアーもこなれてきた頃の意欲作、フローティング・バイブル。ちょっと待って。プラのフローティング・バイブルはワンフッカーでお尻のリグもないよね？ そう、そのとおり。尻リグありのツーフッカーで、一見、通常のバイブルとなんら変わるところなし。でもフローティングなんだよね、凄いでしょ？ …で、終わるワケがない。

実はね、バネのビヨヨンラトルが内蔵されているのでございますよ！ そう、ホッパーストッパーのスローバーやドッグウォーカーあたりと同じ、というか、そこから頂戴したんだと思う。ただ、それをバイブレーションに採用しちゃうところがタダ者じゃない。普通に引けばお尻で水面をかき回すほどのハイフロート。速度を上げても破綻せず、水面下を泳ぐのはさすがとしか言いようがない。と同時に、その頃ラトルがカチカチと鳴り出す。そう、ボディ内部でスプリングにて浮いてるから、ゴロゴロでもガラガラでもなく、決まった面にカチカチ当たるワケ。そしてホッパーストッパーと違うところは、先人が片持ちスプリングなのに対し、バイブルは前後をスプリングで支持。これは硬いバネの1本支持より、柔らかいバネ2本でラトルが鳴りやすいようにしたんだと思う。それでいてよくここまでキッチリ泳ぐようにしたなあ、と感心しきり。

ならばナゼにお蔵入りしたのか。それは多分、費用対効果というか、ここまでして得るものを考えると…、ということだったのではないかと。確かにビヨヨン効果は静止後に一番発揮しそうだし、泳ぎ前提のバイブルじゃあ、ということだったのかもしれない。でもストップ＆ゴーもあるし、ここまで仕上げたのに残念無念。ホント勝手ばかり言っちゃうけど、これ、出してみてもよかったんじゃないかなあ。

天才度 ★★★★ B級度 ★★★★
『さすがの精度と機能に震えちゃう』度
★★★★★

トライアングルというメーカー。ボクはよく知らなくて、見せてもらったカタログの雰囲気から察するに、80年代以前から活躍していたんじゃないかと。表面処理なぞ知ったことかという、神経質な我が国のバサーをあざ笑うかのような荒々しいボディに、カップワッシャーごとブラシを吹きつける豪快な塗り。パッと見は国産品の第三グループをあたりを駆け抜けた、いわゆる赤虫や網を売ってる釣具屋兼駄菓子屋さんなんかに置いてあるタイプだと思ったんです。当時で定価500円というとまさにそのあたり。ところがウソかマコトか、そのカタログにはメイド・イン・USAの文字。さらにフックはマスタッド使用との一文もあったり…。他のメンバーを見てもどうもメイド・イン・ジャパンの香りが濃いので、もしかしたら一度渡米したものが再入国したんじゃないかな、と睨んだんです。

ところが3サイズあるスミスンエリスの…、あ、これはミドルサイズのボディ長80mm・1/3ozくらいのヤツなんですが、大きいヤツだけ体裁が違うんです。明らかに細長でウロコ模様が入ってる。小さなカタログ写真だからよくわからないけど、どこかで見たことある気が…。各アイはヒートンじゃなくはめ殺しだし、もしかするとあそこあたりなのか？ やっぱり本国で作られたものなのかなあ。いびつなダイヤモンドパターンもすこぶるいい感じだし、ヒイラギペラには珍しい前後逆回転を採用しているし。その真相は誰のみぞ知る？？？

碧い瞳のエリス
SMITHINELS
スミスンエリス
Tri Angle
[トライアングル]
年代不明

天才度 ★　B級度 ★★★★★
『あのスミスを意識した名前にも思えなくもない』度
★★★

アメリカナイズされたダイヤパターンに荒々しい肌…。一体、我が国のものか、本国なのか？

マイナーリーグの至宝
TOPWATER
トップウォーター

Rabble Rouser
［ラブルルーザー］
70年代 ～ 80年代前半

　アメリカはアーカンソーが誇るマイナーリーグ、ラブルルーザー。大きな目玉で睨みを利かせていたにもかかわらず、その姿は80年代半ばを境に見かけなくなってしまう。あまりにつぶらなおめめは可愛いすぎたか。それとも主張しすぎたのだろうか。もっとも一部のクランクベイトはヘドンに拾われてメジャーデビューを果たすも、そのヘドンすら巨大な力に飲み込まれたのは皆さんよくご存じのとおり…。

　というワケでやはり目玉のトップウォーター。なんのひねりもない思いっきりド直球なネーミングなんですが、相反するかのごとく、プレイスタイルは超個性的。まず、竹を切った獅子威しのような筒状の口は上部に切り欠きを持つ。ポッピング時に受けた水や生まれた泡を、ここから眉間に通して後部に流すと。小サイズは眉間がなく左右つながっているけどね。あ、違うところがもう一つ。小はノンラトルでシンプルスタイル。

　そして特筆すべきはその泳ぎ。強大なるウォブリングと強大なるローリングで、まるで水面上でスプーンを引いているかのような、ド派手で滞りのない泳ぎ。もちろんスピードを上げればキッチリ潜るし、大サイズはその傾向がより顕著だけど、それでもほんのちょっとの実に効きそうな、いい具合の深さなんですよ。

　これは本当によく考えられているし、本当によく出来ている。クラシカルなクロスハッチに大きく飛び出たコミカルな目玉。そんな見てくれから想像し難い素晴らしいアクションとの融合は、やったねオレ、明日はホームランだ！ 状態でしょう（笑）。

天才度 ★★★★★
B級度 ★★★★★
『メジャーに上げてやりたい』度
★★★★★

このミノーが違和感をもって我が国に登場したのは80年代半ば。なぜならあのヘドンのルアーだったから。踏みこんで言うとヘドンからリリースされた当時の新機軸。実はこれ、昔バグリーでチーフデザイナーをしていたリー・シッソンのウッド製ミノー。1984年、ご存じのようにヘドンはエビスコ（プラドコ）傘下となり、厳密には終止符を打つ。その直前にヘドンブランドとして売られたこのウッドプラグシリーズ。おそらく買収回避のために急ぎ結果を求めたヘドンの"焦り"、いわば最後っ屁が真相だったとボクは思ってる。

さて、そんな歓迎されざるリー・シッソンの新ウッドプラグシリーズ出身、ミノーメイト。奥の個体に"HEDDON WOOD"のネームはあるものの、手前の個体はベージュのヘドンパケで買ったにもかかわらずネームはない。同シリーズのクランクベイト、ティッカーも同様だったから、これは時期的なものだと思う。今回のように買った記憶が残っていればいいけど、例えば裸で買っ

た場合は判断が難しい。なぜならその後、シッソン名義で売られているから。先のとおり、もはやヘドンネームの有無は一切あてにならず。ならばリー・シッソン・ルアーズで売られたものはなんという名だったのか？ 残念ながらボクにはわからない。全モデル"ティッカーサウンドチャンバー"なるチューブラトルが入る手前、原則、ティックやティッカーと名に入るはず。だからミノーティッカーなんて感じだったかも。もちろんミノーメイトのままという可能性もあるよね。

いろいろと言っちゃったけど、ボクはミノーメイトをとても気に入っていて、実はシッソン史上、一番美しいプラグだと思ってる。ただでさえ極細ボディなのに、さらに神経質とも思える細いテイルが相反するように気持ちよく伸びる。小ウォブリングと大ローリングは明滅効果を際立たせ、売りのティッカーサウンドは規則正しくカチカチと響く。ロストあり破損あり、手持ちは少なくなったけど、なんとか大事に使っていこう。

シッソン史上、一、二を争う美しさ
MINNOW MATE
ミノーメイト

Heddon／Lee Sisson Lures
［ヘドン／リー・シッソン・ルアーズ］
84年～90年代

天才度 ★★★
B級度 ★★★★★
『ラインアイの上下調整はかなり有効』度
★★★★

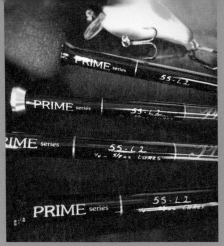

実はもう2000番台は使っていない。なぜなら
IARが収まる、カップにかしめてある部分が外
れたからだ。IARへの負荷は想像以上なので要
注意。ボクが乱暴なだけかもしれないけどね。

お気に入りの1本、
見つかりましたか?

One of My Favorite

　皆さんはお気に入りのルアー、あり
ますか? お気に入りのリールやロッド、
当然ありますよね?

　さて、ルアーやリールはともかく
ロッド。これが面白いもので、他に比
べて好みが如実に反映されるタックル。
つまり気がつけば似たようなロッドば
かり買っているワケです。心当たりあ
る人、いるでしょ?(笑)もちろん用途
で使いわける人はそうはいかないんだ
ろうけど、例えばトップウォーターの人
ならば、少しはピンとくるかもしれな
い。ボクは何本も持っていかないタイプ
だから特にその傾向が強く、もう長いこ
とフェニックス・プライム55L-2。フェ
ニックスというと誰もがすぐにボロン

を思い浮かべるはず。今回のプライム
シリーズ、実は廉価版のグラファイトで、
ハードガイドのいわば一番安いエント
リーモデル。よくフェニックスが頑丈だ
と言われるのは、これは素材うんぬんで
はなく、ブランクが他社に比べて圧倒的
に厚いからだと思う。グリップをつけ替
える時に切断するのはえらい大変だから。

　そして同じL-2でも、上位グレードの
ボロンスーパーやエクスキャリバーに
比べてかなりバットが太く、プライムは
とにかくタフ。ガシガシ、グイグイやっ
ても段違いの安心感。そういった意味で
は、お店で振って自分が気持ちいいと思
うアクションの少し上くらいが、フィー
ルドに出たらちょうどいいと思う時が
きっとくるはずです。

　おっと、プライム55L-2に話を戻す
と、綺麗なクセのないレギュラーテー
パー。曲がりのピークがほんの少し下で
もいいかな、なんて思う時もあるけど、
オープンからカバー回りまでなんでもや
るなら自分的にベストな一本。多分ボク
はもうこれだけでいい。皆さんはお
気に入りの一本、見つかりましたか?

ボクら泣かせの難儀な迷宮融合体。どうもクリークチャブ・タイニーティムのボディっぽいんだけど、リップと塗りはシェイクスピア。ボディっぽい、というのは、オリジナルに施されているカップリグ用の穴が残っているから。コピーだったらその穴は省けばいいんだからね。で、問題はその所属と名前。調べてみたら、ブランドも名前もくっついた、いわばダブルネーム表記のものが。もしかするとシェイクスピアのタイニーティムタイプ、という意味なのかもしれないし、先のとおりブランクが一緒だとすると、本当にダブルネームなのかもしれない。毎度ボクの力不足、申し訳ないです。

オリジナルにはクランクしたZ型リップにラインアイがついてるので、泳ぎは全然違ってくるかと。じゃあ一体どんな感じなのかというと、まず、かなりのスローフローティング。快活とか機敏という言葉をどこかに置き忘れたかのごとく、頭下げのままドロ〜ンとS字を描くような、摩訶不思議なアクション。しかもゆっくり引かないと泳いでくれない…。

これ、ボクが思うにプラグ版スプリットショット戦法なのではないかと。ようはロッドをそーっと平行に動かしては戻し、を繰り返す。スローフローティングなボディを活かし、中層付近をゆっくり誘うプラグ。…なんて予想はどうでしょう？ じゃないとね、使うのが難しいと思うんだよなあ。どんな使い方がいいか、それに所属と名前の関係を知ってる方はゼヒ教えてくださいね。

原寸大

なんとも不明なことだらけ
TINY TIM PUP
タイニーティム・パップ
Shakespeare / Creek Chub
［シェイクスピア／クリークチャブ］年代不明

天才度？　B級度 ★★★
『オリジナルよりだいぶ新しめ』度
★★★★★

博徒渡世、浮き沈み
POP ROLLER
ポップローラー
High Roller ［ハイローラー］2023年現在

　ハイローラーとは、太い勝負に全て
を賭ける根っからの博徒のこと。酸いも甘
いも一天地六の賽の目次第。理屈っぽく斜に
構えた名が溢れる中、なんと気持ちのいいメー
カー名なのか。ボクもね、博徒とはほど遠いけ
ど、たしなむ程度にギャンブルは好き。右に行く
か左に行くか、今日にするか明日にするか、ど
んなルアーを投げるのか。そこに確かな裏づけ
があったとしても、選択を伴う限り、これ博打。
だって正解なんて結果でしかないんだから。

　さて、ハイローラーのバス釣りギャンブル担
当、ポップローラー。全長70mm・1/3ozと、ラ
インナップの中では可愛らしいサイズ。バスオ
レノのような切り取り方を上下逆に浅くした頭
部は、どちらかというとスピッティングを意識
した作りのように思う。首を左右に振り、辺り
に泡と水を散らしながらやってくる様は、細
かなラメと彩度高めなカラーも相まって、やは
りフロリダらしい明るいイメージ。小さくても
ハイローラーらしい華やかさは相変わらず健

在なんですね。

　しかし世間の悪しき流れには逆
らえず、現行のポップローラーはペイントアイか
ら3Dアイとなってしまう。しかもボディラインや
頭部のカットが直線的になり、もはやこの時期
の個体が持つ美しさ、利発さは微塵もない。こ
の単純な仕事はハッキリとした改悪。とうとう
ハイローラーも合理化の波に負けたのだ（涙）。
見た目と裏腹にVMCフックを装備する、いわゆ
る実戦的な性格のプラグ。ならば最低限、機能
さえすればそれでいいというのか。自慢のクォ
リティを謳うキャッチコピーも、今となっては
ただもの悲しい。ハイローラーよ。博徒たるも
の、またひと勝負打って出て欲しい。これ、ちっ
ぽけな博打打ちの切なる願い。

天才度 ★★　 B級度 ★★★★
『人生、これ博打』度 ★★★

叩いて、叩いて、跳ね飛ばせ
RIP SHAD
リップシャッド

Bomber Lures
[ボーマールアーズ]
80年代半ば～
90年代前半

　ひと口サイズの可愛いらしいボーマー。そう、今回は3サイズあるうち、真ん中の1/4ozのお話。これ、ボーマーポッパー小と並べるととってもいいコンビに見えるよね。同じボディのダイバー、スマイリングミノーがおそらく先にあって、そのリップをちょいと削って模様替えしたのがコイツだったかと。しかしリップがないのにリップシャッドとは、これ如何に（笑）。

　冗談はともかく、スマイリングミノー共々、ボーマーはこの造形に力を入れたようで、お得意のプリントとの相性も抜群。さらにウルトラサウンドバイブレーション・チャンバー（長い）なる構造を採用。でも、ドンガラボディを二つほどの小さなラトルが前後行き来する感じなので、多分チャンバーというよりもボディ形状そのものを言っているのではないかと。手に取ってもらうとよくわかるんだけど、この手の

ボディとしては、上下左右の面がわりとハッキリしているんですね。だから四面に響きわたる、ということなのかなあ。

　ただ、個人的にリップシャッド中の美点は他にもあると思っていて、立ち浮きからの下顎叩きによるペチンッ。と同時に、この体躯としては不相応に大きい、大と同サイズの薄いプロペラによる跳ね上げがキモなのかと（小はよくあるヒイラギペラ）。ちょっと甲高いクセのあるスイッシュ音なんです。それに"BOMBER"ロゴの入った新規のプロペラは力が入っている証拠。釣れるのはひと口サイズだけが理由じゃないとボクは思うよ。

天才度 ★★★　B級度 ★★★★
『ところが、ナゼかホットタイガーは
ノンラトル（困）』度 ★★★★★

オレは絶対、潜らない
FLATFISH S3
フラットフィッシュ S3
Helin [ヘリン] 年代不明

老舗中の老舗、ヘリンが誇る名作、フラットフィッシュ。このシリーズはキャスティングにトロウリング、レンジやサイズも含め、もう何が何だかわからなくなるくらい細分化されていて、正直、ボクはついていくのが困難。そんな膨大なラインナップの中でも特異な性格なのに、やっぱり判別しづらいフラットフィッシュS3。

何がどうとんがっているのかというと、まあ、とにかく潜らない。そう、これは完全なるトップウォーター・フラットフィッシュ。西の横綱がホットショットサーフェイスならば、東の横綱はこのフラットフィッシュS3、といったところか。そういえばヘリンとエディポープ、サイズ展開もポジションもとっても似てる。多分、出現はこっちのほうが早そうな気がするけど。

さておきこのS3。他のモデルに比べて、バルキーでボリュームのある、90mmほどの立派な体躯なれど、フラットフィッシュの強烈なウォブリングはそのまま。あとちょっとで潜るというところで踵を返して破綻するので、潜らせて使うことは難しい。水面をグイグイかき回すことに完全に特化した、ひねくれフラットフィッシュなんですね。でもそうだよね、フィッシュケーキのヘリンだもの。きっとサーフェイスゲームも大好きなはずなんだ。

さて、今回のものはウッドのボディ。でも、気兼ねなく使えるプラスティック・モデルも存在するのは嬉しい。ボクの使い方だと、きっとウッド・フラットフィッシュの繊細な塗りをギッタンギッタンにしてしまうからね（笑）。

天才度 ★★★★★　B級度 ★★★
『それにしても、バリエーションが多すぎてとにかく見分けがつかないよ』度 ★★★★

　古今東西、あらゆるシーンで大活躍のノーマンルアーズ。古くてもいいものはいいを体言するNシリーズを、ケンクラフトのオーダーでバグリーカラーに染め上げるという、今思えば驚愕の企画がノーマン・ケン・フェイバリットセレクション。選ばれたのはディープタイニーN、ベビーN、ディープベビーN、ミドルN、ディープリトルNの我が国にピッタリな5種類。さすがはケンクラフト、いや、ケン・スズキ氏といったところか。これね、言うなれば田舎のはすっぱ娘（でも、すっごくいい娘）が出来のいいオシャレな装いで、突然、海外留学する映画みたいな？…全然違うか（笑）。

　ともあれ、クロスオーバーな事象はナゼか嬉しくなっちゃうよね。そして実現にこぎつけることが出来たのは、ひとえにケンクラフトの思いつきと熱意であり、どちらとも懇意にしていたからこそ。だって片や他社の自慢のカラーを施されちゃうんだし、片や他社の歴史ある実力派ルアーを塗るんだから。

　しかし実のところ、バグリー自身が塗った証拠はない。友人たちはノーマンがそれ風に塗った説を取った。でもね、ボクはバグリーが塗った説を推したい。例えばシャドカラーのウロコのブロックパターンの色調・再現度。これが果たして一朝一夕で出来るのものなのか。さらにバグリーは子飼いのセクションを持っていたので、そちらに塗らせた可能性も。

　いずれにしろこの企画、双方共にヘソを曲げてもおかしくはない。おおらかだったのかもしれないし、ビジネスライクだったのかもしれない。あるいはケンの頼みなら仕方ねえ、だったのかも（笑）。でもそう考えると、やっぱりケンクラフトは懸命に我が国のバスフィッシングと対峙していたと思う。イメージ的なものか、今思えば不当な評価を受けていた側面もある。それでもシンカーからボートまで、ケンクラフトは確かにバスバブルを駆け抜けた。今一度その痕跡に触れてみるのも悪くないと思うよ。

　ちなみにずいぶん経ってからノーマンリミテッドとしてバグリーカラーのNシリーズが復活。もしかしたらこの時のブランクが出てきたのかもしれないけど、どうも塗りが違うように見える。なによりケン・フェイバリット・セレクションとは志が違うからね。

熱意と人脈、そして時代

NORMAN KEN FAVORITE SELECTION

ノーマン・ケン・
フェイバリットセレクション

Norman Lures & Ken Kraft
［ノーマン・ルアーズ＆ケンクラフト］90年代

思いつき・実現の天才度 ★★★★★
B級度 ★★★
『多分、写真にひとつふたつ、
　ノーマンリミテッドが混ざってる』度
★★★★

やっぱりスカートは交換している。輪ゴムで留めるタイプは劣化で切れるとバラバラになっちゃうよね（泣）。

あさってのベクトルが通常運転2

RATTLE SPIN

ラトルスピン

Mann's Bait Co.

［マンズベイト・カンパニー］80年代後半

マンズ。…どうしてマンズはこうなのか。ボクはこのメーカー大好きで～す！ 一見してどういうヤツなのかはわかる。しかし、どういう思考回路でこれが生まれるのか、皆目見当もつかない。孤高のルアーデザイナー、それがマンズ。ボクが思うに、ただただやりたいことをやりたいようにやっているんじゃないかな。周りのことなぞどこ吹く風、ただひたすらと。そう、毎度勝手極まりないイメージなんだけどね（笑）。

ということで、今回マンズが我慢極まりなくつい送り出してしまったのは、回るたびにジャラジャラと音を響かせる水中福引き抽選器、ラトルスピン。皆さんお察しのとおり、かなりの空洞を確保したプラスティック製中空ブレードでして、この中に無数の小さなラトルを閉じ込め、蓋を

してあるワケ。これがですね、先のとおり、リトリーブとともにジャラジャラと大きな音をたてて回り始める。あまり速いとラトルが遠心力で片寄り、せっかくのラトルブレード・サウンドが少々スポイルされるので、ゆっくり～通常くらいの速さがいいと思われます。そして、何かの拍子で壊れたりしたら困るよね、ということで、親切にもスペアのラトルブレードがカラー違いでついている。これは嬉しいオマケだった。だって当時はこれ以外、ラトルブレードなんてなかったから（その後バスバスターズ等から発売）。

もちろんコロラドやウィローリーフ等のブレードにつけ替えれば通常のスピナーベイトになるし、実はひと粒でいつまでも美味しい、使えるヘンテコリンなスピナーベイトなのであります。

天才度 ★★★★★　B級度 ★★★★★
『引きましょう、一等賞が出るまでは』度
★★★

横向きのラインアイは立ち浮きからスムーズにポッピングに移行するための工夫。縦方向に点で引けるからね。

B2はラバースカートが欠落している。プロペラのないノースピナーもアリ。

一体何がどうなってるのよ！
CHUG-O-LURE & POP'N B-3 & POP'N B-2

チャグオー & ポップンB3 & ポップンB2

Bagley ［バグリー］80年代半ば～90年代

みんな大好きバグリー！ 腹部を湾曲するように切り欠いた特徴的なボディは、水中へのダイブと共にポップ音をうながし、サッとスムーズに元の体勢に戻す大事な仕組み。ボクらを混乱の渦に巻き込んだ、バグリーの真意が計りかねる問題作、チャグオー＆ポップンB3。あれ？ ポップンB2は？ と思ったそこのアナタ。申し訳ない、

今回のテーマ的に、ポップンB2はいわばファミリー枠の出演ということでどうかお許しを（B2ファンの方、ゴメンなさい）。

というのも、ボクはずっとチャグオーがのちのポップンBシリーズに編入されたものだと思ってた。なんせ両者に大差なく、あったとしても正直、ウッドボディの個体差レベル。ところが

アングルのカタログ。わかります？ チャグオーとB2のルアー名しかないのに、コードはCH3、B3、B2があるの。

当時のアングルのカタログを見ると、チャグオーとポップンB2の説明文しかないのに、写真内のコードネームはSPCH3（スピナーチャグオー）とSPB3（スピナーポップンB3）を併記。見たところラバースカートの有無とウェイト表記の違いくらい。これはスカート分、B3が少し重いということか。実際に手持ちの両者を比べてみると、どちらも約12〜13g。浮き角の違いも正直、誤差レベルとしか思えない。

さらに混乱を呼ぶバスプロショップスのカタログ。"POP'N B3"のコーナーにはポップンB2の写真。説明文にも"Pop'n B2 is a cute little mouse!"などと書いてある。その下には別枠で"Chug-O-Lure"のコーナーがあるワケですよ。おそらく本文から察するに、単にコーナー表記の間違いでB2→B3になってるだけだと思う。で

これがバスプロショップスのカタログ。写真と本文がB2なのに、コーナー表記はB3。それで下段にチャグオーのコーナー。

も、ただでさえ混乱してるのにこの間違いはないよ、バスプロショップス（困）。

てなワケで、結局チャグオーとポップンB3の関係はハッキリせず。強いて言うならば、どちらのカタログでもチャグオーはラバースカートなし。やっぱりここなの？ ウチには名無しが2本いるけど、スカートがないからチャグオーでいいの？

天才度 ★★　B級度 ★★★
『スカート取れちゃった可能性もあるけど、いいの？』度 ★★★★★

とんがりっ鼻には
シャークティースがよく似合う

POP'N DANGUN

ポップンダンガン

Pop Man Corp.

[ポップマン・コーポレイション]
2000年代

ポップマンといえば、プラドコ、ルーハージェンセン、パワーパック以降のゼンマイルアー等を積極的に我が国に紹介していた代理店兼ショップ。そんなポップマンが送り出した、数あるビッグバド・フォロワーの中でもひと味違う鋭いフォルムをもつポップンダンガン。

その理由は明確で、ビッグバドのノイジーアクションをそのままにダイビングでも使えるようにしてしまおう、というもの。なるほど、だからシャープでスリムなボディラインなんですね。リップの左右先端を鋭角に広げて面積を確保。相反するように根本をグッとシェイプアップしてスムーズなダイビングを狙ったデザイン。シャークティースと悪い目つきのカラーリングは好みがわかれるところだけど、ボディとネーミングにはよく似合っているし、綺麗な塗りや、定価￥800という安価な価格設定も好感度高し。

リヤヒートンの位置も中心や上といった単純なものではなく、やや上というこだわりの位置取り。これはおそらく入魂のテストの賜物。ビッグバドに比べて硬質で甲高いブレードサウンド、狙いのダイビングもしやすくなっていて、送り手も納得の出来だったのではないかと。

さて、単純に真似るのは気が引けるのか、微々たるアレンジを加えてお茶を濁す常套手段。可愛げのひとつでもあれば許せるけど(笑)、往々にして中途半端なごまかしにしかならない。しかしポップンダンガンにはハッキリとしたコンセプトがあった。だからうまいこといくんです。その差は月とスッポン、天と地の差、雲泥万里。

ボクはビッグバドを手前までキッチリ引いちゃうからわからないけど、もし回収時の水中バドでバスが出ればしてやったり。そうなると次からは潜らせパターンも当然出てくるよね。ハッ! ポップマンの人はそれでいい思いして…。

天才度 ★★ B級度 ★★★★★
『志半ばの閉店は残念無念』度 ★★★★★

古今東西、サカナ型のルアーは数多く生まれては消えたワケですが、その多くは誇張・デザインされ、子供の描くような可愛らしいものが多かった。ボクはそういうの好きだけど（笑）。ところが同じサカナでもちょっと方向が変わるとこうなってしまう。ビルノーマン極初期のバイブレーション、ミノーフラッシュ。"MINO"がミノーなのかミノなのか、ボクにはわからなかったんだけどね（困）。

　さて、一見しておわかりになると思いますが、リアルとは違うものの、気持ちとしては写実的な方向。直感的にボクは、これはフナだ、と思った。なんとも和を感じさせるプロポーションで、それでいてクロスハッチの本国らしさが面白い。一瞬、おっ？と目を留めるのは、日本人のDNAがそうさせるのではないかと思ったくらい。

　タイトでナチュラル志向なバイブレーションとコトコトラトルに、奥ゆかしさすら感じてしまうほど（笑）。ちなみにボクのは全てワンフッカーだけど、2フッカーのものもアリ。テイルに穴の跡はないので、誰かが抜いたとかではなく、これは仕様なのだと思います。

　だけど、どうもアメリカにフナ属は存在しない模様（！）。したがってフナとはなんの所縁もない、全く別のサカナなんですね。ただ逆を言えば、我が国のバスにはモーレツに効く可能性もあるかもしれない、ということ。なんせボクがフナと思ったくらいだから、きっとバスもそう思うはず。…あ、今、笑ったでしょ？

　だけどね、皆、そういう部分で釣っているはずだし、今あるルアーの数々も程度の差こそあれ、捕食されるであろうベイトを模しているワケだから、あながち間違いではないはず。バスプロだって、これは〇〇〇を模して、って言ってるし。つまりミノーフラッシュを復活させれば、我が国ではもしかするともしかするってことですよ？

アメリカにフナはいるの？
MINO FLASH
ミノーフラッシュ
Bill Norman
［ビルノーマン］60年代〜70年代

天才度 ★★　B級度 ★★★
『で、ホントは一体
どんなサカナなの？』度
★★★★★

原寸大

快音、疾風、摩訶不思議
BUZZ PLUG
バズプラグ

Fred Arbogast
[フレッドアーボガスト]
2023年現在

グレイ（宇宙人）を思わせる横長の黒い瞳が実に最近っぽい。細く伸びた鼻っ面の先の大きなバズペラはサウンドホールを持ち、おまけに"Arbogast"の文字（！）に抜いちゃったっていうじゃない。大きく肩を張ったボディはこれ以上ないほどパンパンにお腹を膨らます。一体これはなんなのか。老舗アーボガストの新解釈、野心作、それともご乱心？ バズプラグ。

写真のものは全て最初に発売された1oz強のオリジナルサイズ。さすがに持て余すアングラーが続出したためか、その後5/8ozのジュニアサイズを追加される。しかしこのバズプラグ、見た目に反してとってもいいプラグ。まず立ち浮きはほぼバズペラが宙に浮く姿。そして引き始めに肩＆腹部に水を当て、一瞬でバジング体勢に。これは重めのウェイトが効いている。もちろんスローにモジモジ首を振り、一点で誘うことも出来る。本分であるバジング時の美点として、細い首をくぐり抜けた水が肩＆腹部にあたり、さらにバズペラのバイブレーションも相まってボディを揺らす。それに伴い、部屋に収まる遊びの少ない大きなラトルが効果的に振れ

るんですね。加えて小さなラトルも備わるという念の入れよう。ただ、バジングサウンドは純粋なバズベイトのそれとは違った趣き…。

また、性格的にダブルフックというのはうなずけるけど、テイルのみのワンフッカーはやはりフッキングが甘い。よっぽどのカバー周りじゃない限り、ボクはトリプルフックにして使っている。せっかくバスが出てくれんたんだから、可能性を上げるにはトリプルフックだよ、と友人に言われたことがあってね。それまでわりとどこでもダブルフックに替えたプラグで釣りをしていたのに、そのひと言で考え方を変えたら明らかにキャッチ率が上がったんです。厳しいカバー周りなら別のスペシャリストを投げればいい。それ以降、ボクは極力トリプルフック。ゴミを拾いやすいってことは、バスもかかりやすいってことなんだから。

天才度 ★★★★★　B級度 ★★★★★
『この手のワイヤーとしては、
今のところ強度も十分』度 ★★★★

174

未だかつてない急潜行野郎
CRAWPAP
クロウパップ

Logers
［ロジャース］60年代 ～ 80年代

原寸大

ロジャースといえば、実は上から下まで抜け目のないラインナップをもっていて、ボクらの記憶以上にしっかりとしたルアーメーカーだったように思う。どんなことがあってもつぶらな出目は忘れず、野暮ったいボディラインもロジャースならではの雰囲気づくりに一役買っていたよね。あ、単に作りだけでいうならば、昔のロジャースは後年のラッキーストライク扱いのものとは一線を画す。例えば同じビッグジムでも年代が違えば印象も全然違うワケです。

そんなロジャースが綺麗だった頃の類い稀なる直滑降ダイバー、クロウパップ。ボクはこれ、ロジャースのプラグの中でも出色のデザインだと思う。甲殻類特有の段つけのみに留め、余計な有機的ラインを持たないボディは潔く、そし

て美しい。いや、ロジャース風味の野暮ったさはしっかり残っているんですよ。いつもどおりの目や位置なんかにも。しかし野暮ったいのに美しいとはこれいかに。いいですか？ 世の中、隙あるがゆえの美しさもあるってことです（笑）。

さて、写真のものはボディ長75mm、リップを含めたら100mm・3/4oz強という、おそらく一番大きいクロウパップ。今回はこのサイズに絞って少しお話を。ぶ厚くゴツい重量級リップのおかげか、ほぼ垂直の浮き姿勢。したがって角度は45度をゆうに超える急潜航。腹部のえぐれはスムーズな潜航を促し…、と言いたいところだけど、もはやそれも関係なさそうなレベル。これはアシ際で急潜航、浮上、急潜航を繰り返すと面白いんじゃないかと。友人がハスティ4を必ず持ち歩く理由がこれ。ハスティ4より急角度ならば…、アリだと思うでしょ？

天才度 ★★★　B級度 ★★★★
『強いて言うならフックサイズが少し足りてないか』度
★★★★★

ちっとも
すばしっこくない
ネズミ

NICKEY
MOUSE
ニッキーマウス

Gopher Bait
[ゴーファーベイト] 40年代〜2010年代

　もしかしたら、もんのすごいサカナがネズミを喰らう場面に出くわしたのかもしれないし、もしかしたら、ミッキーマウスをもじりたかっただけかもしれない。それとも深く考えず、ただただネズミを作りたかっただけかもしれないね、もしかしたら。ああ、そんなことはもはやどうでもいい。この工作物はあらん限りの"ぼくとつ"で溢れてる。ゴーファーベイトの似ても似つかぬ偽物ネズミ、ニッキーマウス。

　いや〜、久しぶりの全く動かないヤツにある種の感動を覚えたなあ。ホント、晶眉目に見てもかすかに鼻っ面を振るかどうかって感じだし、タダ引きは清々しいくらい何事もおこらない。それより計算ずくなのかたまたまなのかよくわからない、金属製の耳が奏でるポッピングが唯一のアクション要素か。もしかしたらボクの個体が動かないだけかもしれないし、とてつもない大当たりがあるのかもしれない。でも、三つともそうだからそんなものあるワケない（笑）。でもね、よく見るとおでこより顎のほうを長め

に削ってあったり、シッポはレザーなのに四肢はラバーであったり、それなりの気遣いと工夫は感じられるんです。ただ、そこはひとつひとつ手削り手作りハンドメイド。呆れるばかりの個体差は味となり、一周して嘘か誠かコレクターの支持を得ているとの噂。あれだな、きっとテディベアと一緒の類なんだな（笑）。

　ちょっとだけ弁護しとくと、40年代から続く長寿ルアーだということ。スローに使えとのお達しがあること。先のわかりやすいアクションではなくて、ラバーの手足の微細な揺れとかで誘う、ひょっとしたらとても繊細な世界なのかもしれないね。あ、本物のネズミの模倣で成功したルアーだとも言ってたけど…。でもボクは好きだなあ、本物ソックリなルアーよりもずっと。

もしかしたら芸術？度 ★★★★
B級度 ★★★★★
『そのうち目や耳のつき方で
価値が変わるかも』度 ★★★★

群雄割拠の濃密な時代
WALKING DOG
ウォーキングドッグ
Aby Special
[アビースペシャル]
80年代

実際の浮き角も鼻っつらの出し加減も大体こんな感じ。どうです、サイズ感も相まってなかなかよさげでしょう。

原寸大

まずはシマノ、ダイワ、リョービ、オリムピックの業界大手4社。代理店大手のスミス、ティムコ。それからオフト、ジャクソン、アングルときて、アビースペシャル、コーモラン。多少の前後や抜けもありますが、ボクの子供の頃の印象はざっくりこんな感じ。コーモランとは甲乙つけ難い部分もあるんだけど、オリジナリティや価格帯のぶん、アビースペシャルが少しだけ上をいくか。貢献度を基準にすれば変わってくるかも。…ああ、なんてバカバカしい。順位づけなんてアンポンタンのやることだ。

ところでアビースペシャルといえば、フェンウィックのフェングラスを使用していたと噂のあるグラスロッドや、早い時期からコンポジットロッドを販売していたりと、先進的な部分を持ち合わせていて、それでいて身近な面白い存在ではありました。そして子供の頃に買って、未だ残っているプラグのひとつがアビースペシャル・ウォーキングドッグ。一にも二にも安かった、というのが一番の理由なんだけど、もう一つは近所の小さな釣具屋さんでも取り扱

金針はアビースペシャルの証。…待てよ、OTLCあたりもそうだから一概には言えないか。

いがあったから。あの店にはあってこの店にはない。昔はよくも悪くも仕入れ先の影響が強く、お店ごとにカラーもハッキリしていて楽しかったように思う。

いけね、肝心のウォーキングドッグが置き去りだ。鼻先を少し出しお尻を下げる斜め浮き。アクション時には頭から突っ込むように左右へ動く、ダイブの得意な釣れ釣れタイプ。まるでフジ釣具を彷彿とさせるホイルカラーも美しく、舶来主義のあの時代でなかったら扱いも違ったかもしれない。いずれにしろ、大きいところも小さいところもみんな一生懸命面白がっていた。だからそのおかげでボクらも面白かったんだ。

天才度 ★★
B級度 ★★★★★
『今はあのエイテックなんだね。凄いなあ』度
★★★★★

湖の中心で、ヒーハー！と叫ぶ
GYRO HEE HAW
ジャイロ・ヒーハー
Featherweight
［フェザーウェイト］年代不明

原寸大

ただでさえ特徴的な
リップなのに、両脇が
大胆に切り込まれた
タイプも存在する。

　それなりの表面処理というか、多分、型から抜いて何もしてない肌。うっすらデコボコで気泡アリ。湯口（発泡剤を入れる穴）や空気穴をバスッと切り落とした跡もアリ。雑な塗りでぶっきらぼうさ、さらに倍。そんなことどうだっていいだろう？と言わんばかりの風体は、ワンマイナスとほぼ同じ長さなのに、体高は余裕でそれを超える。我が物顔で水面下を練り歩く、1oz越えの質量暴君、ジャイロ・ヒーハー。

　フェザーウェイトといえば皆さんご存じ、大人気オールドグリップのあのメーカー。重厚感とカッコよさは唯一無二。ボクもね、なんでもかんでもフェザーウェイト・グリップにしてた時期があったなあ。アルマイト処理されたリップはまさにその真骨頂で、お約束の羽根と筆記体がバッチリあるのは嬉しい限り。

　そんなジャイロ・ヒーハー君。ゆっくり引けば引き波を立て、相応に引けば、水面下を左右にうねりながら暴力的な質量が掻きわけまく

る。とにかく存在感は圧倒的。引く機会があったらゼヒ引いて欲しい。そして多分、存在感だけでないことがすぐにわかるのではないかと。

　ちなみにクリエイティブルアー・カンパニーという会社のジャイロの権利をフェザーウェイトが入手したと思われます。そちらは平面リップ＋ペイントアイで、リップだけハイクォリティな今回のフェザーウェイト版のちぐはぐ感が、またそそるワケでございます。ドールアイは欠落や破損があるから、ボクはペイントアイのほうが好きだけどね。あ、もしかしたらヒーハーは名前というよりキャッチコピーの可能性もアリ。でも、パッケージにGYRO "HEE HAW"って併記してあったらどうする？ボクだったらヒーハーつけて呼びたくなっちゃうね。

天才度 ★★★　　B級度 ★★★★★
『実はフェザーウェイトでも
ペイントアイが存在』度 ★★★★★

重ね重ねではありますが、まるでボクらの夢を叶えるがごとく老兵を次々と蘇らせていたプラスティックイメージ。突如として消えてしまったのは、どの方面からか怒られてしまったとの噂。そんなプラスティックイメージがヘドンに手を出した。ネーミングも寄せに寄せた、アップテイル。

もう言わずともおわかりだと思いますが、高々とかかげたシッポと出目が可愛らしい、元はヘドンのハイテイル。プラスティックイメージは頑なにオリジナルのサイズ感を大事にしてきたんですが、アップテイルだけは3/8ozにアップサイジングしてきた。お察しのとおり、あまりにハイテイルが可愛いサイズだから、使いやすくひとまわり大きくしてきたんだろうなあ。そのぶんオリジナルより浮力があり、水面をグイグイ泳ぎ、高々とシッポを振り回し、お尻でプップップッとバブルサウンドを奏でるトップウォータープラグとして再誕と相成るワケです。

驚くべきは、抜け目ないというか、そこまでやるか、というか、アップテイルのパッケージだけヘドンのチェックパターンを入れるという命知らず、恐れ知らずの所業。カラーリングもヘドンっぽいものばっかりだったし。そうか、怒られたのはやっぱり…。いや、もはや問いに見合う答えなし。あるのは目の前のアップテイル、そのプラグだけなのだ。

天才度 ★
B級度 ★★★★★
『でも、やっぱりこっちのほうが
使いやすいよね』度 ★★★★★

原寸大

使えなかったビンテージを、使いやすく
UP-TAIL
アップテイル
Plastic Image
[プラスティックイメージ]
2000年代

こちらは同業他社のトレイシールアーズ・トリップテイル。さらに上をいく1ozまでアップサイジングしちゃった重量級ハイテイル。

中身が大事なんだってば
POE'S SALTWATER BOX
ポー・ソルトウォーターボックス
Poe's［ポー］90年代

　数年前、西方で行われた大きなフィッシングイベントに行きましてね。その時入手したのがパックマンアイでおなじみ、ポーのアソートボックス。ポーといえばクランクベイトのセダーシリーズ。ならばこのワイルド＆デラックスな箱

もセダーウッドじゃないとウソだよね。

　というワケで破格の値段も手伝って迷わず買ったんですが、その後、遠方の友人たち数人と会場で遭遇。「見てよこれ！いいでしょう!?」「ん〜、微妙。Dabさんソルトやるんですか?」

トップ好きなら間違いなくこっちを選択すると思うんだよなあ。単体で見ればソルトって感じじゃないし。やっぱりコレクターは箱の表記に引っかかるんだね。なんと面倒くさい人たちなのか(大笑)。

「微妙。でもこのペラ、通常はシルバーだからまあまあかな」「内容はいいけど、ソルトって書いてあるし…」と、この箱に対し著しくそっけない、かつ冷静な分析と反応(大笑)。おかしなもので、久しぶりに会う方、SNSでは仲良くしてくれてるけど初めて会う方たちなのに、1ミリの容赦もない、そして忌憚のない意見をナゼかボクは嬉しく感じたものです。やっぱりこうでなくっちゃね、趣味の世界は。

ただちょっとだけ自己弁護をすると、もう一つあった箱は確かにフレッシュウォーターセット。でもね、そっちは全て潜りモノなんですよ。今思えばポーなんだからクランク箱も押さえておくべきだったとは思うけど、このソルト箱は皆が言うほど悪くない。ジャックポットは1oz弱の使いごろでノーズアイは珍しいし、エース・イン・ザ・ホールの3/4ozもド真ん中。

当時としてはやっぱり珍しい金ペラに、ナゼかこの個体は前後同回転。ポッパーはフラバルーと同じ体裁のカップだけど、フラバルーにこんな小さいヤツがいたのかどうかは不明。1/2ozとくれば、もはやこれ以上語るまい。RCシリーズのブランクを使ったキーホルダーも、シンプルにセダーウッド推しの絶妙さ。この箱にソルト臭を感じるとすれば天板のロゴとジンクフックだけ。大したことのないクロスオーバー。

ね、ぜんっぜんこのチョイスはおかしくない。むしろしてやったりじゃない。それでもやっぱり微妙なの? それでもボクは過ちを犯したと言うの?(笑)

詰め合わせ的天才度 ★★★★
B級度 ★★★★
『周りとボクの乖離』度 ★★★★★★★★★★

切っても切れないバスとカエル。大昔からカエルはルアー界のスーパースター。カタチであったり、カラーであったり、それはそれは密接な関係を築いてきた。そして徐々にルアー界特有のクロスオーバー現象（？）に至り、トップウォータープラグだけにとどまらず、ディープクランクにもフロッグカラーが登場。いつしかそれがあたりまえになって。カエルも潜ると言われればそれまでだけど、ボクは当初、凄く不思議に思ったなあ。例えばそもそもビッグバドは缶

顔や2本のスカートは先のブルーバー・リスペクトなんだと思う。ただ、うまくアレンジしてさらに実戦的なプラグにしたのはさすがとしか言いようがない。

原寸大

ビールなのに、気がつけば膨大なカラーラインナップ。バドワイザーとの契約切れや、実戦的なプラグということも周知されてきて、時代がそれを求めたんだろうけど。でも、なしくずし的違和感を覚えたもんです。

　さておき、古今東西カエルを模したルアーは数あれど、ひときわ目を惹く特異なカタチ。ラインスラック・小倉英次氏の手がけるOGU・ロペ。これ、スカートを脚に見立てるなら、まずお尻は割らないんです。背中からスッと尻すぼみにするんですよ。フックポイントをカバーするためとか、様々な理由があるのかもしれないね。でも、結果的に非凡な見た目となったのはさすが。少し動きすぎる嫌いもあるけど、ポケットなんかで操ることを考えるとこれが正解なんだと思う。加えてタングステンの騒がしいラトルはアドバンテージ。反面、繊細に操ってまるでカエルのようにケロケロささやくラトル音も出せる。その実、真骨頂はこっちなんじゃないかと。そして背中の2本のキールをそのまま活かしたカップ断面はカエルの顔。操っている時によく見えて実に微笑ましい。

　こういった遊び心はもちろん、どこかを、何かを乗り越えると面白いものが生まれるんだなあ。ロペを手にするたび、ボクはつくづくそう思うよ。

ひと口に
カエルと
言うけれど
ROPE
ロペ
Ogu
［オー・ジー・ユー］
2023年現在

天才度 ★★★★
B級度 ★★★★
『そしてロペも、
カエルのくせに
ゴーストワカサギがある』度
★★★★★

復活の日
SUBMARINE SHAD

サブマリンシャッド

Bagley
［バグリー］
60年代 ～ 90年代初め

原寸大

　みんな大好きバグリー！ 昔、復活の日という角川映画がありましてね。ざっくりいうと、細菌で汚染された地球上で無事だったのは各国の南極観測隊と、作戦従事中の原子力潜水艦の面々。生き残った人たちでなんとかワクチンを作り、暴発寸前の核弾頭を止めるため、ワクチンを射ってワシントンはホワイトハウスに乗り込むが…。という内容。お時間があればゼヒ。

　さて、今回のサブマリンシャッド。廃盤となっていたところ、未組立の半製品が倉庫に眠っていることを知った老舗代理店の雄アングル。それを塗装し組み立ててもらえるよう頼んだんです。そしてさすがさすがのバグリー、この依頼を快く引き受けてくれ、90年ごろ我が国のみで復活を果たした、というワケ。アングルとバグリーの良好な関係が生んだ急速浮上。ボクが買ったのはきっと復活のサブマリンだね。

　ラインアイを見てもらえばわかるとおり、使っていないので使用感を伝えることは出来ません。なんという体たらく（汗）。コレクターとしての性ということで、どなた様もなにとぞお許しを。

　しかし見てください、このパッケージ台紙を。この頃のバグリーのパッケージイラストはひとつひとつルアーにふさわしいものを考え、デザインされているんですね。洒落ていて本当にカッコよかったなあ。ならばなおのこと使ってみてどんなものか確かめるべきだって？ Dab、急速潜行します。ブクブクブク…（笑）。

天才度 ★★　B級度 ★★★★
『1/4ozのシングルスピナーもアリ』度
★★★★★

私の、どこがヘンですか…
MOKOLEY PENCIL
モコリー・ペンシル

Mokoley
［モコリー］
年代不明

原寸大

D:こんばんは！今宵もFMジェットストリームアタックのお時間がやってまいりました。司会は毎度ワタクシDabと…

ク:こんばんはー、相変わらず元気いっぱい、アシスタントのアドニス・クラッパーです！

D:今回紹介するお方は…

ク:ワタシたちファミリーだから彼のことはよく知ってるよ、アドニスペンシル君。

D:そうそう、一見ね。

ク:一見？あれ、こんなカラーの人、いたかな？？？

D:フッフッフ、カラーだけかな？

ク:よく見たら名前がモコリー!?リグもワタシたちと違う！

D:ようやく気がついたね。彼はモコリー・ペンシル君というんだ。

ク:えーっ、待って待って！どうしてこんなことになってるの!?

D:調べてみたら、どうもタイのモコリーというショップから出ていたみたい。多分アドニスが倒れた後、ブランクを買って化粧直しをしたんじゃないかな。

ク:そうなんだ！だからソックリなんだね。コピーじゃないから、これはもうワタシの親戚と言ってもいいよね。

D:親戚というより甥っ子かなあ？孫？それとも、ひ孫？

ク:ちょっとー、いつものことながら失礼しちゃうわね！

D:まあまあ（笑）。それはさておき、同じブランクなんだけどね、実はちょっと性格が違うんだよ。本家のほうはいい意味でも悪い意味でも

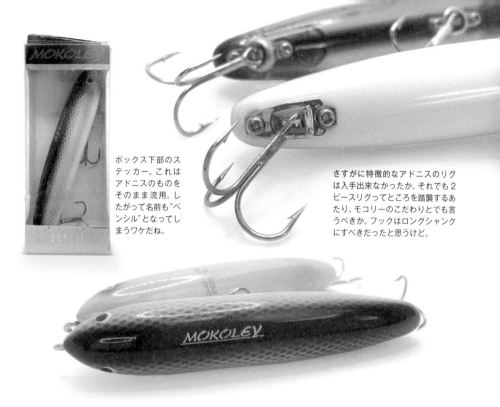

ボックス下部のステッカー。これはアドニスのものをそのまま流用。したがって名前も"ペンシル"となってしまうワケだね。

さすがに特徴的なアドニスのリグは入手出来なかったか。それでも2ピースリグってところを踏襲するあたり、モコリーのこだわりとでも言うべきか。フックはロングシャンクにすべきだったと思うけど。

リニアじゃないというか、アクションが留まりたがる感じ、とでも言ったらいいか。対するモコリーはわりと素直に反応してくれる。これはもう好みの問題なんだけど、ボクにはこっちのほうがピンとくる。

ク:へえ〜、Dabさんはモコリーさんのほうが使いやすいんだ。でも、同じブランクなのにカラーでそんなに違っちゃうの？

D:塗りの厚みもあるかもしれないけど、リグと共にフックも違う。軽いものがついてるんじゃないかな。それにさっき単純に同じブランクと言ってしまったけど、ボディの組み立て前に買ったとすれば、もしかしたらウェイトが違う可能性もあるかもしれない。

ク:なるほど〜。少しの差が積み重なると、性格も変わるということかあ。

D:だからクラッパーもリグやフックを変えれば、少しは素直で大人しくなるんじゃない？

ク:もーっ、失礼にもほどがあるよ！ そんなこと言うヤツは羽根で張り飛ばしてやる！

D:イテテテテ、ゴメンゴメン。おっと、ここでタイミングよく時間が来てしまいました！ お送りしたのはワタクシDabと…

ク:ちょ、ちょっと待ってよ！ またこんな終わり方〜！！！

D:それではまたお会いしましょう、See you Next B列！（笑）

天才度 ★
B級度 ★★★★★
『正直、出会った時は腰抜かした』度
★★★★★

ガルシアはアブやミッチェル、ルブレックス等、様々なブランドを取り扱う総合商社だったんですが、そんな中、ガルシアブランドとしてオリジナルルアーの販売も行なっていたんですね。そしてガルシアのルアー製造を担っていたのはコットンコーデル。塗りやブランクの雰囲気からまず間違いない。このトムキャットも例に漏れず、2ウェイ・ペンシルベイトのスワッガースティック同様、神経質とも思えるウロコ模様はやはり美しい。そして毎度ボクが勝手に想像するのは、そんな協力体制にあるガルシアとコーデルの妥協なき姿勢。

ガルシアが細身のダブルスイッシャーを欲するのであれば、すでにコットンコーデルにはボウイハウディがいるワケです。ならばバッチ替えで片やお安く、片や手間なしで済む。バラエティに富んだ総合商社のガルシアなら、まんまOEMでも違和感はないはずなんです。事実、ガルシアのミノーやバイブレーションは、レッドフィンとスポットの微細なマイナーチェンジ版とも言える体裁なだけに。それでもコットンコーデルはボウイハウディと異なるダブルスイッシャーを用意した。もちろんガルシアからの熱を帯びた、詳細なるリクエストがあったのかもしれないけど。

でもね、そんな両者の関係の表れか、ガルシアのプラグは総じて雰囲気がいい。きっとコットンコーデルも、そういうことならばオレたちも一丁やってやろうじゃないか、なんて感じで力を入れて取り組んでいたりして。場合によっては自社製品より凝っちゃったりしてね(笑)。

専用ボディを用意するということ

TOMCAT
トムキャット
Garcia
[ガルシア] 60年代 ～ 70年代

天才度 ★★★
B級度 ★★★★
『毎度、憶測が過ぎて』度 ★★★★★

原寸大

コードネーム、"32E232"

CREEK WALKER
クリークウォーカー
Custom Lures by Sam
[カスタム・ルアーズ・バイ・サム] 年代不明

サム・グリフィン。名伯楽によるアメリカンウッドプラグの至宝。その権利をルーハー・ジェンセンに売り渡すも、ルーハー製の自身のシリーズの出来に落胆。失意のアンクル・サムは新たにカスタム・ルアーズ・バイ・サムを立ち上げ、現在に至る。…毎度毎度、同じ冒頭で(汗)。

あれ? ジャーキンサムのプロペラ取ったらダメじゃない、と言われたら、答えてあげるが世の情け。クリークウォーカー、違いのわかる貴兄に。確かにボディはジャーキンサムとほぼほぼほぼ一緒だと思うんだけど、まず、頭部のカットをキツい逆スラントに変更。プロペラを取ってウェイト追加し終了。ええええっ、それだけ? と言われたら、答えてあげるが人の常。まず、ジャーキンサム同様、若干お尻下げのほぼ水平浮き。スムーズに水を捌く頭部のおかげで、右に左に飛ぶように。ウェイトも実はテイルの大きなワッシャーに隠れるように追加していて、これがなかなか

洒落た入れ方。もしかするとこのワッシャーすら、その大きさから左右アクションへのきっかけに寄与しているんじゃないかと思えるほど。面白いのはフックの体裁で、フロントはヒートン直づけ、リヤは大きめのスプリットリングを介している。これ、デフォルトの状態。つまりはお尻回りがキモという空気感アリアリ。ちなみにこの頃のサムのルアーのほとんどは、トップコートが収縮してヒビ割れている。ボクはもう慣れてしまって、逆にそれを目印にしているくらい。

あ、そうそう、コードネームはどういう意味なのかって? それはボディ横にデカデカと書いてあるじゃない(笑)。

天才度 ★★★
B級度 ★★★★★
『つまり、その名のとおりのアクション』度
★★★★

フィッシュメイトは様々なルアーのコピーを安価で提供していた、ある意味、ボクらには重要なメーカー。とっくに製造中止になってしまったルアーがフィッシュメイトなら手に入る。しかも、そこをもってくる!? というルアーがフィッシュメイトなら手に入る。いや、決して褒められたものではないのかもしれないけど、もはや誰もが忘れていた抜け目の筋で、いい趣味してるところがなんとも嬉しい限り。

そんなフィッシュメイトのオリジナルなのかコピーなのかボクには判断がつきかねる、MR.B。忙しく身体を左右に振りながらやってくる様子はムシムシ感がムンムン。ノーウェイトのボディでよくぞこまでと感心する、ほぼほぼウォブリングのみの小さな小さなシャロークランク。ノーアイっていうのは大体が凄みを増してしまいがちだけど、このプラグに限っては、それすらも可愛いらしく映る。茶色の個体は一枚薄くパールが吹いてあって、こんな体裁でこんな塗りでも、ここまで雰囲気出せるんだと感心しちゃうくらいの出来。ブルーギルや小バスなんかには、とってもいいプラグなんじゃないかなあ。

先のとおり、本当に小さくて軽いプラグなんだけれども、これ、なんとかしてノーマン・フロントランナーみたいにティーザーとして使えないかなあ。それも小さなプラグの生きる道。そして道があるならただゆくだけだ。

それから念のため言っておきますが、彼を褒めているのは、未だかつてないほど素晴らしい名前のせいじゃないからね、決して。いや、確かにゆがんだ愛で、不都合が全て消え失せるなんてことはままあるけれど(笑)。

原寸大

キミ、いい名前じゃないか

MR. B

MR.B

Fish Mite

［フィッシュメイト］
90年代 ～ 2000年代

天才度 ★★
B級度 ★★★★★
『MR.B級』度 ★★★

トゥクとツク、どっちだと思う？
TUKU BAIT
トゥクベイト

Luhr Jensen
[ルーハージェンセン]
2000年代

寝てるんです。これは本当によく動く。だからボクは直ペラよりカリペラのほうが好き。

　以上を踏まえると、重厚なトゥクベイトをもう少し動かしたいのであれば、ジョニーラトラーと同型のプロペラを後方に寝かせるように角度をつける。動きにキレみたいなものが生まれると思うし、実際、ボクもそうしてる。もしかすると削り切らないフラットな部分が残る、ワイ

ルドな仕上げの頭もその一因かもしれないけど。他にもこのボディにショートシャンクのフックをつけたりとか、いろいろと甘いところはある。それでもカッコはいいんですよ（笑）。だから無下に出来ない自分がいるワケ。だってね、見つけたらまた迷わず買うと思うから。

　ラインナップにマグナムトーピードが欲しかったのかどうかはわからないけど、なかなかの迫力と重厚感が胸に刺さる。ルーハージェンセンのウッド製トーピード、トゥクベイト。

　トゥクの意味を調べてみたけど、結局よくわからなかったなあ（汗）。大きさはマグナムトーピードより少しだけボリュームがある感じ。ただ、ウッドボディのおかげで重さは3/4ozとはるかに凌ぐ。すなわちマグナムトーピードに対する美点があるとすれば、ウッドならではの水絡み・水押しなんですね。逆を言うと、ボク的にシングルスイッシャーにはもう少し動いて欲しい気がしないでもない。

　で、その逆を言うと、マグナムトーピードがよく動くのはボディの軽さからくるもの。さらに言うと、オールドのマグナムトーピードのいわゆるカリペラと呼ばれるものは、角度がえらい

天才度 ★★　B級度 ★★★★★
『調べてみると、
**　トゥクって読むっぽいんだよね』度**
★★★★★

ルーハージェンセンのザラⅡこと、ウォーキンディディー。やはりヘドンのラインナップを意識してのことか。

飛ばないのではなく、飛べないのだ

UNKNOWN PENGUIN PENCIL BAIT

謎のペンギン・ペンシルベイト（名称不明）
Manufacturers Unknown
［メーカー不明］年代不明

原寸大

　初めはクリスマスツリーについている飾りに、誰かがヒートン打ってフックをつけたんだと思った（笑）。多分、メッキベースのキンキラ具合に、妙に主張の強いくちばしのゴールドあたりがそう感じさせるんだろうなあ。どこの誰なのか皆目見当もつかず、全くもって謎。その姿勢だけは一丁前なペンギンのペンシルベイト。

　スイーッと氷上を滑る、もしくは水中にダイビング？　それとも泳ぎの途中のジャンプかな。うまいことその瞬間を切り抜いた姿だなあ、とは思う。思うけども、これを買った自分自身、うまいことやった感はそれほどでもない（笑）。

　全長60mmほどとまさにひと口サイズで、やっぱり一丁前にラトルなんか入っていて、ほぼ立ち浮き状態。そう、立ち浮きであるからして、ここで問題が発生するワケです。それはラインアイの位置。その浮き角ならばどう考え

たってくちばしの先か顎なんですよ。ああ、それなのにそれなのに、どうしてキミのラインアイは眉間に入っているのか。したがってアクションはクルッと後ろ向きに回る、非常にクセの強い動き。塩梅次第では左右交互にいくこともあるけど、その回転はあくまでランダム。先の位置であれば、少なくとも首振りくらいは出来ただろうに…。

　思えば思うほど複雑微妙、難解象徴。いつ果てるとも知れぬ疑問符と、説明出来ないものを見てしまった感。これは新次元のトラブルと言ってもいい。表情や雰囲気はいい感じなのになあ。…あ、何気に情が湧いてきてないかい？　このワガママペンギン君に（笑）。

天才度 ★　B級度 ★★★★★
『動かないのではなく、動けないのだ』度
★★★★★

間違い、勘違い、経験不足、物言い。

至らぬ点は多々ありますが、

過去のB列も含めどうかご容赦くださいませ。

また、B級とは決して釣れないルアーということではなく、

例えばアイディアやカラーが面白いもの。

立ち位置や生い立ちが珍しいもの。

マイナーであるがゆえ使ってもらえないもの。

第一線級なのに、皆が忘れかけているもの、などなど。

そんな都合のいい、曖昧な視点で読んでもらえると嬉しいです。

もちろん、隣のヤツみたいにダメさゆえに愛おしいのもいるけど（笑）。

さて、時に激しく、時にはその繊細さでボクらを楽しませてくれる、

気安くも懐の深いサカナ、ブラックバス。

そしてバスフィッシングにもちろん欠かせないのは、

生まれては消えていく数多くのルアーたち。

ボクらの中には釣ることだけに飽き足らず、

ルアーのちょっとした仕様の違いにすら

一喜一憂する人間も現れる始末（笑）。

もちろん送り手はそんなことなぞ構う間もなく、

アイディア、形状、突拍子もないカラーリングや売り方まで、

様々な趣向を凝らし、限りなく真剣に、

時には人生をも懸けてきたワケです。

ルアーは文化。これからも、ほんの少しでも、

その軌跡に触れられたらいいなあ、と思っています。

応援してくれている皆さん。

いろいろと助けてくれる友人たち。

ご尽力いただいたつり人社の方々。

最後にボクらを楽しませてくれている

たくさんのメーカーの方々。

本当にどうもありがとうございます。

皆さんのバスフィッシングが

楽しく豊かでありますように。

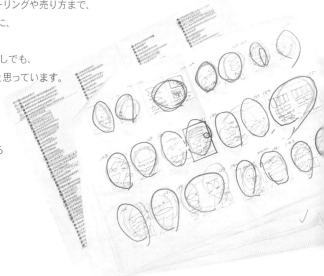

Dab

● 著者 **Dab** ダブ | dab@smile.ocn.ne.jp

● 装丁・本文デザイン・構成
Dab Design & Development

● 写真
ジョナス・モラエス・カタヤマ／Dab

● 協力
桑原哲夫　　　　　　　　　　木村謙一
リールズ 西洋釣具珈琲店　　前田展慶
高橋 聡　　　　　　　　　　黒田篤志
神田釣具 Factory360°　　　Bill Bailey
齊藤純也　　　　　　　　　　大澤帝治
fishing fool grandpa　　　　上野 勉
　　　　　　　　　　　　　　JUNK FOOD

※順不動・敬称略

『Basser』誌連載が20年続いた
非業界人。どこかで見かけたら声
かけてね。人見知りだけど（笑）。

B級ルアー列伝 四　151の軌跡
2023年8月1日発行

著　　者　Dab

発 行 者　山根和明
発 行 所　株式会社つり人社
　　　　　〒101-8408 東京都千代田区神田神保町1-30-13
　　　　　TEL 03-3294-0781（営業部）
　　　　　TEL 03-3294-0766（編集部）
印刷・製本　港北メディアサービス株式会社

乱丁、落丁などありましたらお取り替えいたします。
©Dab 2023. Printed in Japan
ISBN978-4-86447-724-6　C2075
つり人社ホームページ https://tsuribito.co.jp/
つり人オンライン https://web.tsuribito.co.jp/
釣り人道具店 http://tsuribito-dougu.com/
つり人チャンネル（YouTube）
https://www.youtube.com/channel/UCOsyeHNb_Y2VOHqEiV-6dGQ